Sibylle Neuhaus

Ostern 2022

EINSICHTEN
BAND 7

Sibylle Knauss, aufgewachsen am Rande des Ruhrgebiets, Studium der Germanistik, Anglistik und Evangelischen Theologie in München und Heidelberg, 1992–2012 Professorin an der Filmakademie Baden-Württemberg und Drehbuch-Dramaturgin, schreibt seit 1981 Romane, darunter den Bestseller *Evas Cousine*, von der New York Times unter die notable books of the year gewählt. Ihre letzten Romane, veritable Erfolge, erschienen alle unter der Verlegerzeit Hubert Klöpfers: *Das Liebesgedächtnis* und *Der Gott der letzten Tage*, zuletzt, 2019: *Eine unsterbliche Frau*. Sibylle Knauss ist Mitglied im deutschen PEN.

Sibylle Knauss
Der Glaube, die Kirche und ich
Stuttgart: Kröner 2022
(Einsichten Band 7)
ISBN 978-3-520-72201-0

Reihen- und Umschlaggestaltung: Denis Krnjaić, Stuttgart, unter Verwendung eines Fotos von Danylo Suprun, Lutsk

© 2022 by Alfred Kröner Verlag, Stuttgart
Printed in Germany · Alle Rechte vorbehalten
Gesamtherstellung: Friedrich Pustet, Regensburg

Sibylle Knauss

DER GLAUBE, DIE KIRCHE UND ICH

ALFRED KRÖNER VERLAG STUTTGART

Inhalt

Schön, dass Sie noch da sind.
Vom Christsein heute

Eines Tages – ich muss Anfang 50 gewesen sein – beschloss ich, aus der Kirche auszutreten. Eine Zeitlang schob ich es so vor mir her. Es bestand ja keine Eile. Ich hatte erfahren, dass man nichts anderes tun muss als zum Einwohnermeldeamt zu gehen, ein Formular auszufüllen und eine Gebühr zu entrichten, die lachhaft gering ist, vergleicht man sie mit der Kirchensteuer, von der man dann für immer befreit ist.

Irgendwann kam ich zufällig am Rathaus der pfälzischen Kleinstadt vorbei, in der ich damals lebte, und dachte: warum nicht jetzt? Ich hatte Einkäufe gemacht und mit meinen Tüten beladen stieg ich die paar Stufen zur Rathaustür hinauf. Hier setzte ich meine Tüten ab, hielt kurz inne, nahm sie wieder auf und stieg die Stufen wieder hinab. Nach wenigen Schritten drehte ich mich um und ging erneut zur Tür hinauf. Da stand ich. Es war, als müsse ich mich daran erinnern, was ich hier gewollt hatte. Wieder wandte ich mich um, schon in der Hoffnung, dass niemand mich beobachtete, und machte den kurzen Versuch, zwischen den Menschen auf dem belebten Marktplatz unterzutauchen, mich gewissermaßen in der Menge unsichtbar zu machen. Da begann ich schon, ärgerlich auf mich selbst zu werden. Ich kehrte wieder um, Richtung Rathaus. Diesmal nahm ich mich zusammen. War das möglich? Hatten sie mich so gründlich gehirngewaschen, dass ich nicht in der Lage war, meinen klar gefassten Vorsatz auszuführen, ein städtisches Büro zu betreten und einen Wisch auszufüllen? Ich trat ein, schleppte meine Tüten über die Gänge, bis ich vor der richtigen Tür stand, und brachte es hinter mich.

Kein Seelsorger nahm Kontakt zu mir auf. Keine Vertreterin der Gemeinde rief mich an, um mich etwa zurückzugewinnen. Niemand schien kirchlicherseits den Verlust zu bemerken, der durch mich erlitten worden war. Ein umso empfindlicherer Verlust, als ich eine von vielen war und viele weitere folgen würden, wie man wusste. Ich hatte zu einer dörflich strukturierten evangelischen Gemeinde gehört, ja, das Pfarrhaus befand sich in meiner Nachbarschaft, und ich war zwar keine häufige, aber doch gelegentliche Besucherin der Gottesdienste gewesen, hatte karfreitags sogar nach guter protestantischer Sitte am Abendmahl teilgenommen. Doch mein Ausscheiden aus dieser besonderen Gemeinschaft, die eine Gemeinde ist, wurde offenbar gar nicht zur Kenntnis genommen. Es war, als hätte es mich als Christin nie gegeben.

Als ich später bei Gelegenheit und am anderen Ort im Beisein von Theologen das Thema ansprach und meine Verwunderung darüber äußerte, wurde mir bedeutet, dass man bei Kirchenaustritten bewusst und strikt davon absehe, Druck auszuüben. Das seien Gewissensentscheidungen, die man respektiere.

So umstandslos entließ man mich aus der *heiligen christlichen Kirche*, wie es im Apostolischen Glaubensbekenntnis heißt? Der Kirche, in der ich mein *Heil*, *Vergebung meiner Sünden* und *das ewige Leben* finden sollte? Und kein Entsetzen darüber, dass ich all das von mir wies? Zumindest Bekümmerung? Oder wenigstens Bedauern. Eine Geste des Abschieds. Die Versicherung, dass ich jederzeit wieder willkommen sein würde. Nichts.

Und welcher »Druck« war gemeint, den auszuüben man vermied? Verfügte die Kirche denn über Druckmittel, um Menschen daran zu hindern, sie zu verlassen? Fegefeuer? Verdammnis? Nicht mehr im Ernst! Auch gesellschaftliche Ächtung im Diesseits ist nicht mehr zu fürchten. In meiner Peergroup gibt es nicht viele, die es überhaupt interessiert, ob ich in der Kirche bin oder nicht. Beides wird mit demselben Gleichmut toleriert, mit dem es toleriert würde, wenn ich mich zum Buddhismus bekennen oder Kurse in Shamanismus belegen würde. Selbst meinem Übertritt zum Islam würde man mit Toleranz, wenn auch nicht ohne Kopfschütteln begegnen.

In Wahrheit schien es vollkommen gleichgültig zu sein, ob ich Mitglied der Kirche war oder nicht. So wie es niemanden kümmerte, dass ich es nicht mehr war, würde es niemanden kümmern, wenn ich wieder eintrat. Es lief tatsächlich darauf hinaus, ob ich Kirchensteuern bezahlte oder nicht. Ich hatte die Prämie kassiert, die auf den Austritt ausgesetzt ist, wie so viele andere und eine wachsende Zahl von Menschen seitdem. Es war jedenfalls leichter gewesen, als von den Rundfunkgebühren befreit zu werden, was bekanntlich so gut wie unmöglich ist, auch wenn man den öffentlich-rechtlichen Medien so wenig Interesse entgegenbringt wie der Heilsbotschaft des Evangeliums.

Als ich ein paar Jahre später wieder eintrat, erwies sich das als viel schwieriger. Ich dachte, es sei ausreichend, denselben Weg, nur umgekehrt, zu beschreiten. Auf dem Rathaus jedoch teilte man mir mit, dass ich mich an die zuständige Kirchengemeinde zu wenden hätte. Ich erinnerte mich an mein Austrittsdebakel und ging sofort hin, um es hinter mich zu bringen. Es war ein Montag, und es stellte sich heraus, dass das Pfarramt geschlossen war. Nun gut, dachte ich, Montag ist der Sonntag des Pfarrers, der muss auch mal frei haben. Gleich dienstags fand ich mich wieder beim Pfarramt ein, wieder war die Pforte verschlossen, die den Fußpfad versperrte, der durch einen verwilderten Vorgarten zur Haustür führte. Ich drückte auf den Klingelknopf; nichts geschah. Ich vergewisserte mich auf dem Schild am Tor, dass Bürozeit war, und klingelte wieder. Schließlich kam eine ältere Frau, offensichtlich Pfarramtssekretärin, fragte nach meinem Begehren und öffnete mir das Tor. Ich betrat einen düsteren

Hausflur und folgte ihr ins Büro. Es muss im Jahr 2007 gewesen sein. Hatte die Digitalisierung hier schon Einzug gehalten? Schreibtische voller Papiere. Man weiß ja nie, ob das ein Zeichen zu vielen oder zu wenigen Arbeitsaufkommens ist. Ich fragte nach dem Pfarrer.

Er sei wohl im Hause, aber sie wisse nicht wo.

Ob er vielleicht zu finden sei?

Natürlich. Ich solle einstweilen schon das betreffende Papier ausfüllen.

Sie suchte lange danach und fand es schließlich in einer Schublade. Es handelte sich um die üblichen Daten, meine Person betreffend. Schwierig wurde es lediglich bei meiner Taufe. Begreiflicherweise wusste ich das Datum nicht. Ich hoffte sehr, dass das kein unüberwindliches Hindernis für meine kirchliche Wiederaufnahme war.

Nach längerer Zeit kam sie wieder. Der Pfarrer sei zurzeit beschäftigt. Er bitte mich darum, ihn telefonisch zu kontaktieren.

Es sei mir lieber, sagte ich, wenn er mich anriefe.

Sie wolle ihm das ausrichten, sagte sie. Was das Datum meiner Taufe betreffe, sei zur Not auch das Datum der Konfirmation ausreichend. Als ich das auch nicht angeben konnte, allenfalls das Jahr wusste, das sie kopfschüttelnd eintrug, war ich nicht mehr sicher, ob ich die Prüfung bestanden hatte und des Wiedereintritts würdig war.

Eine Woche später hatte mich der Pfarrer noch immer nicht angerufen. Entschlossen, nicht zu verzagen, rief ich im Pfarramt an und erfuhr von der Frau, dass meine Urkunde bereits unterschrieben sei. Ich könne sie mir abholen.

Oh, sagte ich. Der Herr Pfarrer wollte mich doch noch anrufen.

Stimmt, sagte sie. Ich glaube, er ist auch im Haus. Wenn ich ihn finde, erinnere ich ihn daran.

Etwa zehn Minuten später ging mein Telefon. Ob es mir recht sei, wenn er gleich vorbeikomme, fragte der Pfarrer.

Ein liebenswürdiger Mann, nach meiner Einschätzung kurz vor der Pensionierung, fand sich kurz darauf bei mir ein. Ich gestand ihm, dass ich es mir einfacher vorgestellt, ja erwartet hatte, dass die Arme von Mutter Kirche weit geöffnet wären, wenn ich verlorene Tochter in sie zurückkehrte. Es komme eher selten vor, sagte er. Und überreichte mir eine Urkunde, die besagte, dass ich mit aktuellem Datum Mitglied der Württembergischen Landeskirche sei. Ich bot ihm einen Kaffee an, und wir sprachen eine Zeitlang über dieses und jenes. Mein Theologiestudium, meine mäßige Performance als Religionslehrerin, die Distanz, die ich im Laufe der Jahre zum kirchlichen Leben eingenommen hatte. Es sei kein Vorsatz dabei gewesen, keine bewusste Entscheidung. Es sei einfach so geschehen.

Das sei wohl bei den meisten so, die aus der Kirche austräten, sagte der Pfarrer. Sie führten keinen Vorsatz aus, sondern zögen die Konsequenz aus etwas, das längst vollzogen sei, ihre Entfremdung von der Kirche. »Wer kommt denn noch zum Gottesdienst«, sagte er, »wer führt sein Leben noch als Glied einer Gemeinde? Es werden immer weniger.«

Wie er das aushalte, fragte ich. Einen Beruf, in dem das Nichtgelingen Normalität sei.

Das habe ihn noch niemand gefragt, sagte er.

»Und fragen Sie sich das nicht selber?«

»Ach, wissen Sie«, sagte er, »ich gehe bald in Pension. Und hin und wieder gab es doch Menschen, denen ich etwas« – er zögerte – »mitgeben konnte.«

Ich wollte das nicht vertiefen. Schließlich war ich nicht die Seelsorgerin unter uns.

»Und Sie?«, fragte er. »Warum wollen Sie wieder zurückkommen?«

»Ebenfalls einfach so«, sagte ich, wusste, dass das nicht genügte, und versuchte, es ihm und mir zu erklären. Da war kein
Bekehrungserlebnis, keine dramatische Wende in meinem Inneren, kein Kampf, kein inneres Ringen. Ich fühlte mich außerhalb
der Kirche einfach nicht wohl. So trivial. So banal. Es gab auch
gewisse Anlässe, die ebenso banal waren. Am Heiligen Abend
gingen wir noch in die Kirche, die ganze große Familie. Sakraler
Raum weitete sich um uns. Orgel. Die alten Gesänge. Am Ende
sagte die Pfarrerin, sie wolle sich jetzt mal bedanken bei »Ihnen
allen, die Sie noch Kirchensteuer bezahlen, weil Sie zur christlichen Gemeinschaft stehen …« Ich blickte die beiden Bänke ent-
lang, die wir besetzten, mein ehemals katholischer Mann, unsere
jeweils zwei erwachsenen Söhne mit ihren Anhängen – und da
war außer einem kein Kirchensteuerzahler dabei. Es war mir
ziemlich peinlich. Und wenn einem in der Kirche etwas peinlich
ist, ist es richtig peinlich. Gott sah auf uns herab und missbilligte,
was er sah. Wir kramten in unseren Portemonnaies, schlichen
zum Ausgang und hofften, dass es Gott nicht entging, wieviel
wir für die Kollekte springen ließen. Die Fünfziger in den Kör-
ben, die waren von uns! Gott war das, wie ich vermute, ziemlich egal.

Es war nicht eine Frage des Glaubens, als ich mich zum Kir-
chenwiedereintritt entschied. Es ging eher darum, eine Balance
wiederherzustellen, die durch meinen Austritt gestört war. Wollte ich mich wirklich für immer von kirchlichem Leben fernhal-
ten? Das war nicht der Fall. Wollte ich es amtlich, keine Christin
mehr zu sein? Ganz sicher nicht. Denn selbst wenn ich es nicht
mehr sein wollte, wäre ich es noch. Durch meine Taufe, Erziehung, Prägung und Abstammung. Nichts davon kann ich verleugnen oder ablegen. Es definiert mich, ob ich will oder nicht.
Mein jüngeres Selbst als Chorsängerin stand gegen mich auf.
Das Kirchenjahr mit seinen Festlichkeiten schloss mich aus. Kir-

chen, die ich auf Reisen besichtigungshalber betrat, empfingen mich mit der Frage: Was hast du eigentlich hier verloren?

Es passt einfach nicht zu mir, war die Formel, mit der ich nach ein paar Jahren wieder in die Kirche eintrat.

Und jetzt? Es wird dabei bleiben, solange ich lebe. Die Kirche ist keine NGO, auch wenn es manchmal so scheint. Sie ist die umfassende Gemeinschaft der Christen. Wirkstätte des Heiligen Geistes in der Welt. Ein Heilsversprechen geht von ihr aus, das mehr und anderes meint als die Verbesserung der Welt. Sie ist fast zweitausend Jahre alt und spannt den Bogen über Epochen und Zeiträume. Immer auch eingebunden ins politische Geschehen, das Spiel der Mächte in der Welt. Schuldbeladen. Verstrickt in die Ambivalenzen von Mission und Kolonisierung. Von Glauben und Inquisition. Von religiöser und weltlicher Macht. Ihre Geschichte kann als Geschichte fortwährenden Missbrauchs geschrieben werden. Und ebenso als Geschichte von Gottes Heilswirken in der Welt.

Ihre Beharrungskraft ist erstaunlich. Das Römische Reich ist untergegangen. Machtkonstellationen, die ihm gefolgt sind, hatten ebenfalls ihre Zeit. Die Kirche ist geblieben, hat alle Transformationen und konfessionellen Spaltungen überlebt. Die alten Schriften beanspruchen noch ihre Geltung. Liturgische Formeln, Gebete, Bekenntnisse, Segenssprüche sind noch nicht verstummt. Ihre Nichtzeitgemäßheit ist überwältigend. Immer wieder unternommene Anpassungen ändern nichts daran. Das Heilsgeschehen, aus dem die Kirche lebt, ist eine uralte Geschichte. Sie trug sich in einer Welt zu, mit der die unsere nicht mehr viel gemein hat. Auch die ihr nachfolgenden Epochen, eine nach der anderen, Mittelalter, Renaissance, Religionskriege … sind untergegangen. Wer an einem Gottesdienst teilnimmt, taucht in die Vergangenheit ein, die ebendiese Art von Religionsausübung geschaffen hat, ihren Geist, ihre Texte, häufig auch ihre Musik und Architektur. Kirche – da ist nichts zu machen – ist Tradition. Überlieferung von Uraltem, das seit zweitausend Jahren unterschiedslos Anspruch auf die Lebenden erhebt und seine Relevanz für ihr Leben behauptet. Nichts für Gegenwartsbewohner, die sich ausschließlich als Zeitgenossen verstehen und für die die Geschichte in kaum mehr als dem deutschen Sündenfall des Zwanzigsten Jahrhunderts besteht.

Kirche schließt einen Zeitraum auf, zweitausend Jahre seit dem Geschehen in Jerusalem, auf das sie sich gründet. Wer sich als Christ versteht, verortet sich in dieser Geschichte, ein später Nachfahre und, so Gott will, Vorfahre zukünftiger Christen. Aus einem solchen Kontinuum tritt man nicht aus. Recht bedacht kann man daraus gar nicht austreten. Derzeitige Positionierungen kirchlicher Entscheider im politischen Spektrum, ihre Bemühungen um moralischen Kredit und mediale Aufmerksamkeit für kirchliches Handeln (oder das eigene, das weiß Gott allein), verlieren, so gesehen, viel von der Wichtigkeit, die sie beanspruchen. Die Frage »Gehen oder Bleiben« kann davon nicht berührt werden.

Nicht einmal von dem wahrhaft gottlosen Versuch, seinen Namen zu gendern und mit einem Stern zu versehen, um Gottes Diversität in Hinsicht auf sein Geschlecht zu verdeutlichen. Breiten wir den Mantel des Vergessens darüber. Auch die »Bibel in gerechter Sprache« mit all den sprachlichen Stolpersteinen, die sie mir in den Weg legt, kann mit Nonchalance ignoriert werden, was die meisten Gottesdienstgestaltenden, soweit ich sie erlebe, zum Glück auch tun, legt sie doch dem Verständnis der alten Texte mehr Hindernisse in den Weg als die bisher bekannten Textfassungen und zerstört nach Kräften den Charme der Lutherbibel, 1984 an zeitgenössischen Sprachgebrauch angeglichen, wie sie bei mir in Gebrauch ist und von vielen geliebt wird.

Auch vergangene Epochen haben ihren eigenen zeitgeistaffi-
nen Unsinn hervorgebracht. Denkt man nur an die Haarspalte-
reien der Scholastik oder, weit schlimmer, den Hexenglauben der
frühen Neuzeit. Aber es muss da etwas sein, das alles überlebt,
Irrtümer, Missbräuche, Verbrechen, Allianzen mit weltlicher
Macht ... Die Gründe zum Austritt sind überwältigend und bestehen wahrlich nicht nur in den Torheiten, die die Anbiederung
an den Zeitgeist hervorbringt. Die Zugehörigkeit zur Kirche ist
immer ein Dennoch. Dennoch bleibt sie die Gemeinschaft der
an Christus Gläubigen. Nicht die Gemeinschaft der Guten, der
auf der richtigen Seite Befindlichen, der Mitmenschlichen, der
Hilfreichen, als die ihre Repräsentanten sie gern wahrgenom-
men sehen.

Sollten nicht diejenigen, die noch Mitglieder sind, besonders gläubige Christen sein? Sie widerstehen der Versuchung
der Steuerersparnis, eigentlich doch ein beliebter Sport. Sie
stemmen sich gegen einen Trend, der von Jahr zu Jahr Fahrt
aufnimmt. 2019 sind in Deutschland über ein halbe Million
Mitglieder beider großen Konfessionen aus der Kirche ausgetreten. Darin verblieben sind 51 Prozent der Bevölkerung. Ihr
Minderheitenstatus kommt in Sichtweite. Dann wird sich die
Tendenz zum Austritt noch einmal beschleunigen. Niemand
gehört gern einer Minderheit an. Es sei denn, aus großer Ent-
schiedenheit, wahrem Glauben. Je weniger Menschen sich
zur Kirche bekennen, desto mehr Bekennermut wird ihnen
abverlangt. Die ersten Christen waren große Bekenner. Die
letzten werden es ebenso sein müssen. Es ist auch eine Frage
der Zahl.

Das wird bereits in jedem Sonntagsgottesdienst offenbar.
Wenn ich als eine von vielleicht zwanzig Besuchern anwesend
bin, erhöht das die Aussagekraft meiner Präsens in einem Maße,
das ich damit nicht beabsichtige. Ich wünschte, die Kirche wäre

voll. Nicht allein zur Ehre Gottes oder der Mehrung des Auf-
kommens der Kollekte, sondern um in einer Menge unterzu-
gehen, die die Bedeutung meines Hierseins auf ein erträgliches
Maß reduziert. So habe ich es nämlich nicht gemeint. Ich bin
nicht gekommen, um eine Säule des gottesdienstlichen Geschehens zu sein, das mit meiner Abwesenheit und der von ein paar
anderen schon infrage gestellt wäre. Ich bin zu wahrnehmbar
in diesem großen Bau, der sich über mir wölbt. Er ist gemacht,
um eine Menge von uns aufzunehmen, in der ich gerne ein wenig Anonymität hätte. Was bekenne ich, was bekennen die paar
anderen, indem wir gekommen sind? Ich ertappe mich dabei,
wie ich mir Hypothesen zu einzelnen Anwesenden bilde, diesem jungen Paar, jener alten Frau. Wer sind sie? Wie leben sie?
Was treibt sie an einem Sonntagmorgen in die Kirche? Welche
Hypothesen bilden sie sich zu meinem Erscheinungsbild? Sehe
ich wie eine Gottesdienstgängerin aus? Nehmen sie mich als
Vertreterin einer Minderheit wahr, so wie ich sie als Minderheit ansehe?

Darum gehe ich lieber in die Stadtkirche als in die Kirche des
Dorfes, zu deren Gemeinde ich eigentlich gehöre. Denn da ist
es noch schlimmer. Es sind noch weniger da. Sie scheinen mir
eine verschworene Gemeinschaft von Insidern zu sein. Fragen
sie sich: Was will die hier?, wenn ich die Kirche betrete? Fragt
sich die junge Pfarrerin das, die seit Kurzem gemeinsam mit
einer Kollegin die Gemeinde übernommen hat? Die beiden
Frauen teilen sich eine Stelle. Sie haben Kinder, Aufgaben in ihren Familien. Ich verstehe sehr gut, wie günstig solche Arbeits-
bedingungen für sie sind. Fragt sich die reizende junge Talar-
trägerin auch, warum ich hier bin? Sie sollte froh sein, dass ich
komme. Sie sollte froh sein über jede Person, die noch kommt.
Doch der Gedanke ist störend für mich. Soll etwa Gott auch
froh sein, dass ich noch komme? Ich verscheuche die blasphe-

mische Anwandlung. Nicht in die Kirche zu gehen, kann eigentlich nur bei vollen Kirchen Spaß machen. Wenn sie so leer sind
wie hier, ist irgendwie beides gleich peinlich, hingehen wie weg-
bleiben.

Die kritische Grenze ist wohl bereits unterschritten. Ich woll-
te, das dumpfe, gedämpfte Stimmengewirr einer sich füllenden
Kirche nähme mich auf. Ich müsste mich nach einem der weni-
gen leeren Plätze umsehen und fände nur noch weit hinten oder
an den Rändern Platz. Ich würde still in die Menge eingehen.
Niemand nähme mich wahr. Der Geist Gottes hielte mit ersten
Orgelakkorden Einzug und brächte die Menge zum Schweigen.
Wenn sie sich erhebt, entsteht ein Rauschen im Kirchenraum.
»Im Namen des Vaters, des Sohnes und des Heiligen Geistes …
Amen«, singe ich. Meine Stimme ist nicht mehr meine, sie geht
ein in die Stimme, mit der die Gemeinde spricht oder singt. Ich
bin ein Teil von ihr, löse mich in ihr auf.

»Schön, dass Sie da sind«, begrüßen sie einen heute.

Bin ich in einem Vereinslokal gelandet? Bei einem Eltern-
abend? Auf einer Bürgerversammlung? Die junge Frau im Talar sieht ein wenig verkleidet aus. Dabei steht er ihr gut. So ein
weißes Bäffchen steht Jeder gut. Man vergisst, dass dieses Teil
einmal nur Männer kleidete. Ist sie glücklich mit ihrer Berufswahl? Wieviel Scheu und Scham musste sie überwinden, um so
eingekleidet da vorn am Altar zu stehen und die Bruchstücke
alter sakraler Handlungen zu vollziehen? Wieviel vom Archetyp einer Priesterin steckt in ihr, einer jungen Mutter im Jahr 62
nach Elisabeth Haseloff, der ersten evangelisch-lutherischen
Pastorin in Deutschland – und ledig, was noch Bedingung für
ihre Ordination war. Ich wünsche der jungen Frau den Beistand
des Heiligen Geistes für ihre gottesdienstlichen Aufgaben, Liturgie, Gebet, Predigt und das Spenden von Segen. Nicht anders als
ich es ihren männlichen Kollegen wünschen würde. Nur kam

mir das bei ihnen nie explizit in den Sinn. Offenbar bin ich se-
xistisch vorgeprägt, was meine Akzeptanz geistlicher Autorität
anbelangt. Es ist mehr als ein Vorurteil. Es ist die Prägung durch
einen priesterlichen Archetyp, der männlich ist. Offenbar weiß
die katholische Kirche das. Dennoch scheint weder ihr Behar-
ren auf Ausschluss der Frauen vom Priesteramt noch die fort-
schreitende Feminisierung des Pfarrberufs in der evangelischen
Kirche die Attraktivität des Gottesdienstbesuchs zu fördern. Es
müssen andere Faktoren sein.

Leere Stuhlreihen haben nun einmal nichts Anziehendes für
das Publikum. Das gilt für Vorträge und Lesungen, für Konzerte und Theater. Es gilt auch für Kirchen. Wenn der Besuch ein
gewisses Maß unterschreitet, liegt für die Wenigen, die kommen,
darin eine Zumutung. Was tue ich noch hier?, fragt man sich.
Und man muss sich der Sache, um die es geht, sehr sicher sein,
um die Schwelle zu überwinden.

Bin ich so sicher? Ja.

Ich bin sicher, dass mein Bedürfnis nach Gottes Gegenwart
unüberwindlich ist.

Ich bin sicher, dass es in uns allen wohnt.

Ich bin sicher, dass es viele Wege gibt, sie zu erfahren, und dass
christliche Kirchen besonders geeignete Orte sind, um Gottes
Gegenwart zu suchen. Gleich, welcher Konfession.

Ich bin mir als getaufte Christin meiner Religion sicher. Wenn
es ein Heil gibt, suche ich es nicht außerhalb.

Ich bin sicher, dass die Erzählung vom Leiden und Kreuzestod
Jesu das größte Narrativ auf Erden ist und dass es seine Auf-
erstehung einschließt. Ein Narrativ, das nicht anders als das
Wort Gottes verstanden werden kann, an uns gerichtet.

Ich bin sicher, dass Gott bei der Kreuzigung Jesu so nah wie
nie vorher und niemals später war. Wenn ich an etwas glaube,
dann ist es das.

Die Frage: »Glaubst du an Gott?«, halte ich hingegen für eine Zumutung. Es sei denn, ein Kind stellt sie mir. Dann antworte ich: »Ja.«

Die Frage zielt auf das Intimste, den Wesenskern einer Person, über den sie gar nicht selbst verfügt und wo sie am verletzlichsten ist. Inquisitoren haben das immer gewusst. Es ist die Stelle, an der Herrschaftsinstrumente ansetzen, die Stelle, an der auch jegliche Ideologie und ihr Totalitarismus es auf mich abgesehen haben. Die Fragen sind allerdings heute anders formuliert.

Was mein Weltbild anbelangt, bin ich Atheistin. Es sollte wissensbasiert sein, während ich von Gott nichts weiß, außer was uralte Schriften mir mitteilen, deren Weltbild für uns nicht mehr maßgeblich ist.

Der Rest besteht in der Suche nach Gottes Gegenwart in der veränderten Welt. Ein kühnes Unterfangen – was religiöses Leben aber ohnehin ist.

Ich wünschte jedoch, meine Frömmigkeit wäre entschiedener, andachtsvoller, glühender. Gebet und Gotteslob halte ich für unentbehrlich, um eine Art existentieller Balance für mich zu erhalten, fühle mich aber in der säkularen Gesellschaft, die mich umgibt, alleingelassen damit. Ich vermisse geistlichen Beistand.

Meine Empfindung, als Immer-noch-Christin ziemlich vereinsamt zu sein, reicht bis zum Gefühl der Peinlichkeit, wenn ich das Wort »Gott« im Mund führe. Manchmal möchte ich etwas sagen wie »Gott segne Sie« oder Ähnliches, unterlasse es aber, um kein Befremden zu erregen.

Solches Befremden ist nur eines von vielen Zeichen dafür, dass Gott sich aus unserem Leben und der Welt, wie wir sie wahrnehmen, langsam entfernt. Dass dieser Prozess sich fortsetzt, erfüllt mich mit Angst. Eine von Gott aufgegebene Welt, die er sich selbst überlässt, ist das Schlimmste, was ich mir vorstellen kann.

In der Spanne meines Lebens seit der Mitte des vorigen Jahrhunderts bin ich Zeugin dieses Prozesses geworden. Ich war selbst ein Teil davon. Er ging mitten durch mich hindurch. Ich will im Folgenden versuchen, davon zu erzählen.

Als Gott noch der Mann meines Lebens war

Von der Sünde und anderen Übertretungen

Es ist ungewiss, ob Gott sich zurückzog oder ob er blieb, wo er immer gewesen ist, im Zentrum des Geschehens, und dort nur weniger Beachtung erfuhr als bisher. Es war wohl nicht sein Jahrhundert, das Zwanzigste nach der Geburt seines Sohnes, und auch zu Anfang des nächsten trat keine Tendenzwende ein. Zwar sorgen seine bestallten Diener auf Erden für ein gewisses Maß an Aufrechterhaltung der zeremoniellen Gepflogenheiten, die jede Religion in ihren Blütezeiten herausbildet. Es finden noch Gottesdienste statt, Priesterschaften organisieren sich, je nach Konfession mehr oder minder hierarchisch, ja, selbst ein Papst existiert noch und macht durchaus von sich reden, indem er gleich zu Beginn seines Pontifikats seidene Schuhe von karmesinroter Farbe mied, was ihm sogleich das Ansehen eines großen Modernisierers gab. Es geschehen noch solche Dinge, und die Medien verbreiten Kenntnis davon und stoßen auf, wenngleich gemäßigtes, Interesse. Auch kommen Gläubige in großer Zahl zu sogenannten Kirchentagen zusammen. Sie singen inbrünstig, wie es bei solchen Gelegenheiten üblich ist. Viele sieht man auch, wie sie selbstverloren tanzen, sich umarmen und offenbar glücklich sind in der Masse der Menschen. Auf Rednerpulten und Podien wird viel Konsensfähiges gesagt und manches dumme Zeug, was, wenn man es recht bedenkt, häufig dasselbe ist. In Arbeitskreisen wird um Ausdruck gerungen, um Wahrheit, um Gültiges, das vielleicht nicht einmal immer verfehlt wird.

Aber wo hält Gott sich währenddessen auf? Es scheint ebenso vermessen, davon auszugehen, ihn an Orten solchen Geschehens anzutreffen, wie dass er sie meidet. Wenn Bernhard von Clairvaux für die Kreuzzüge predigte, war das Gedränge in Vézeley nicht weniger störend und die Ausdünstungen und sanitären Probleme vermutlich weitaus lästiger. Außerdem rief er zu kriegerischen Handlungen auf, deren theologische Sinnstiftung heutigen Menschen ebenso verborgen bleibt wie späteren Christen, wenn es sie denn einmal geben wird, die theologische Sinnstiftung des Malens von Vulven verborgen bleiben wird, um nur ein Beispiel aus dem kirchentäglichen Treiben herauszugreifen.

Wird Gott nicht gerade in solcher Abwegigkeit und Abstrusität des Bemühens besonders geehrt? Ist nicht schon immer ein Äußerstes zur Ehre Gottes erdacht worden? Und gab es je einen Weg der Selbstverleugnung wie auch der Selbsterforschung, der exaltiertesten Irrtümer und peinlichsten Grenzüberschreitungen, der nicht gesucht wurde, um Gottes Gegenwart herbeizuzwingen? Man denke an Säulenheilige, Selbstkasteiungen, Fasten, bis der Arzt kommt, und vor allem die heiligen Kriege, das ganze Gemetzel, die brennenden Scheiterhaufen zur höheren Ehre der Rechtgläubigkeit – und sehe sich die Bilder eines Kirchentags an, um zu ermessen, wie friedvoll das alles geworden ist. Harmlos bis zum Abwinken. O ja, auch der Glaube, das, was man so nennt, ist postheroisch geworden, er ganz besonders. Die Gesichter entspannt, die Gesten mitmenschlich, Hände greifen ineinander, Arme umarmen, die Lieder so weit entfernt von Kampfgesängen wie Lieder nur sein können.

Wohin würde sich heute ein Gottsucher aufmachen? Eine Gottsuchende? Ich. Die Teilnahme an einem realweltlichen Kirchentag bleibt mir verwehrt, solange Menschenansammlungen Hotspots für Viren sind. Für die Nachwelt: Wir schreiben das

Coronajahr 2, ich sitze vorbildlich am Schreibtisch in meinem privaten Homeoffice und schicke nur meine Gedanken auf den Weg der Gottsuche. Wo ist er geblieben? Mir scheint, dass er sich früher leichter in meinem Lebensumfeld finden ließ.

In den Fünfzigerjahren des vorigen Jahrhunderts besuchte Gott die Grundschule, die ich besuchte und die damals, vor ungezählten Bildungsreformen, noch Volksschule hieß. Das Fach Religion, so scheint es mir heute, spielte eine zentrale Rolle im Unterricht für kleine evangelische Mädchen. Eine Lehrerin, die wir noch Fräulein nannten, weil sie keinen Ehemann hatte, erzählte Geschichten aus dem Alten Testament und beeindruckte mich damit tief. Abraham, Isaak, Jakob, Lea, Rahel … Ich ahnte, was Männer-Frauen-Liebe und -Eifersucht bedeutete, Väter und Kinder, all das. Ich hatte es nötig. In meiner Welt gab es bis dahin nämlich nur meine Mutter und mich. Der einzige Mann darin war ein kürzlich verstorbener Großvater, der von da an abwesend die Rolle des Patriarchen besetzte und damit auch eine Art Platzhalter Gottes war.

Schwierig für ein vaterloses Kind, einen Gottvater zu haben. Schwierig, aber vielleicht auch besonders notwendig. Die fromme Inbrunst, die mich beseelte, mag ihren Ursprung da gehabt haben. Jetzt, etwa siebzig Jahre später, komme ich erstmals darauf, dass es so gewesen sein könnte. Ich war ein vaterloses, ein frommes Kind.

Vaterlos zu sein, war damals nichts Besonderes. Etwa zwanzig Prozent der in den letzten Kriegsjahren Geborenen waren es. Seltsam, dass es überhaupt so viele von uns gab. All diese abwesenden Väter. Schnell müssen sie noch gezeugt haben, bevor sie starben. »Das letzte Vermächtnis meines Mannes«, schrieben die Witwen in den kargen Geburtsanzeigen der Tageszeitungen, sofern sie noch erschienen. Das letzte Vermächtnis ein wenig Sperma. Man schickte die armen Männer zum Zeugen nach

Hause, bevor man sie zum Sterben wieder an die Front schickte. In meinem Fall nicht einmal das. Fast vierzig Jahre später erfuhr ich, dass er mich gar nicht gezeugt hatte, mein Vater, sondern ein anderer Mann.

Your daddy ain't your daddy, but your daddy doesn't know. Kennen Sie das Lied? Es ist nämlich meins, wie sich dann herausstellte. *O … it's me … blame and scandal in the family.*

But I didn't know either. Und so war alles gut, im Stil der Fünfzigerjahre.

Was ich sagen will: Damals war Gott in der Grundschule anwesend. Und ein Kind wie ich hatte auch wirklich Verwendung für ihn. Einen Gottvater. Allmächtig und grundgütig. Ich will hier wirklich nicht in Ironie fallen. Es war, wie es war. Ich war behütet und glücklich. Meine Mutter liebte mich, ihr einziges Kind, über alles. Es geht zur Not auch so.

Meine Mutter selbst war gewiss nicht fromm. Es ist nicht denkbar, dass sie mir beibrachte zu beten. Sie war einfach eine strukturelle Atheistin (»Ach Kind, ich bin einfach zu nüchtern«, pflegte sie zu sagen), ohne dass ihr das je viel Kopfzerbrechen bereitet hätte. Dazu neigte sie sowieso nicht. Sie kannte keine Ambitionen, auf keinem Gebiet, außer vielleicht auf dem des Gutangezogenseins und der bürgerlichen Reputation, was wahrscheinlich dem Umstand geschuldet war, dass es den sorgfältig verborgenen Makel meiner Entstehung gab, dessen Aufdeckung sie an jedem Tag ihres Lebens fürchtete. Niemandem erzählte sie davon. Nicht ihrer eigenen Mutter, einem Muster an Rechtschaffenheit und einer Prüderie, die den Gedanken daran ausschloss, wie sie selbst ihre Kinder empfangen hatte. Nicht ihren besten Freundinnen, allesamt untadelige Ehefrauen. Und Gott wäre der Letzte gewesen, dem meine Mutter sich anvertraut hätte. Sie glaubte einfach nicht an ihn. Und ganz bestimmt nicht daran, dass er bei meiner Entstehung im Spiel gewesen war.

»Ich habe dich erschlichen«, sagte sie später. Ich war Ende Dreißig, als ich endlich aus ihr herausbekam, wer ich war.

Nein, es war wohl eher meine Großmutter, die mir beibrachte zu beten. Vermutlich tat sie es, weil es sich so gehörte und meine Mutter in ihren Augen sowieso ein moralisches Leichtgewicht und zu meiner Erziehung nicht ausreichend qualifiziert war. Und so habe ich ihn noch heute in mir, den Widerhall dessen, was sie mir beibrachte, nämlich das Vaterunser durch einen Anhang zu ergänzen, hastig hingesagt, der wie folgt lautete: »Lieber Gott, lass meinen Vati wiederkommen, Amen.« Er war nämlich nicht gefallen, sondern vermisst. Bis heute rufe ich mich zur Ordnung, um zu enden, wenn es zu Ende ist. *Denn dein ist die Kraft und die Herrlichkeit in Ewigkeit. Amen* – Punkt. Und nicht fortzufahren mit der Bitte um die Befreiung eines Kriegsgefangenen in den eisigen Weiten Sibiriens. Oder woran immer ich dachte, wenn ich diese Worte rasch vor mich hin nuschelte.

Das war mit Sicherheit das Werk meiner Großmutter. Denn wenn sie etwas geahnt hat, was meine Herkunft anbelangte, dann hat sie es so tief in sich verborgen, dass nicht einmal sie selbst es wiederfand. Später, lange nach ihrem Tod, fragte ich mich manchmal, ob sie mich auch so geliebt hätte, wenn sie gewusst hätte, wer ich war. Die Antwort lautete: Wahrscheinlich nein. Und dann weinte ich bitterlich.

Heute, da ich selbst Großmutter bin und weiß, dass die Spuren meiner Liebe in den Kindern, die, wenn Gott es gibt, den größten Teil ihres Lebens lange nach mir leben werden, untilgbar sind und, sollte ich morgen sterben, selbst in dem Zweijährigen, der noch keine Erinnerung bildet, als Erfahrungsschatz überleben werden, heute habe ich mich damit ausgesöhnt, wissend, dass es die Liebe meiner Großmutter ist, die durch vier Generationen von mir an die Enkel weitergegeben wird. Denn ich finde davon etwas wieder, wenn sie sich nach ein paar Stunden des Draußenerlebens oder Drinnenspiels auf meinem Sofa einkuscheln, selbst wenn da nur der Kinderkanal läuft – ich finde dann eine Gestimmtheit, vertraut und lange vergessen, eine Art Großmutterfrieden, den die ältere Enkelin Gemütlichkeit nennt, nur dass ich mich heute am anderen, dem Oma-Ende des Spiels wiederfinde.

Und tatsächlich wiederholt sich auch das: Tatsächlich bin ich es, die manchmal mit ihnen betet, wenn ich sie zu Bett bringe. Ihre Eltern sind ähnlich religiös abstinent, wie es einst meine Mutter war. Es ist ein dünnes Rinnsal der christlichen Überlieferung, das in meiner Familie den Weg durch die Generationen gefunden hat. Wird es bald ganz versiegt sein? Werden die Kinder der Kinder noch Christen sein? Schon wird es schwierig, bei Taufen noch Paten zu finden. Zu viele in den Freundeskreisen meiner Söhne sind Kirchenausgetretene. Unter den vier Söhnen, die mein Mann und ich haben, wenn man zwei und zwei addiert, ist nur einer noch ein Kirchensteuerzahler, wie die korrekte Bezeichnung lautet, die an die Stelle tritt, wo man früher von Gläubigen sprach. Er ist ein gefragter Taufpate, denn solche feierlichen Initiationen sind noch immer beliebt, und kann den damit verbundenen Verpflichtungen nur ungenügend nachkommen.

In der siebenundsiebzigjährigen Zeitspanne meines Lebens hat Gott sich weit aus unserem Leben zurückgezogen, so scheint es mir. Kirchen stehen noch so herum. Meistens sind sie verschlossen. Es kommt sowieso niemand, wenn sie nicht Kunstschätze bergen. Noch immer sind kirchliche Feiertage Wegmarken des Jahreskreislaufs, obwohl viele Menschen nicht mehr genau wissen, warum. In der Präambel des deutschen Grundgesetzes ist noch immer von der Verantwortung vor Gott die Rede. Manche Regierenden schwören noch immer »so wahr mir Gott helfe«. Aber es geht auch gut ohne Gott. Der Staat ist religiös neutral. Atheismus ist ok, lautet der Konsens.

Atheismus ist einfach und kleidsam. Er kleidet sich gern in freundliche Indifferenz hinsichtlich der Anliegen des Christentums. Er ist sogleich mit Begriffen wie Nächstenliebe, Gewaltlosigkeit und Weltfrieden zur Hand, um sie zu benennen, und kann als Quelle dafür die Bergpredigt angeben. Solcher Atheismus verlangt nicht, dass du dich dafür rechtfertigst. Er ist im Grunde der Zeitgeistnormalfall. Ich habe lange nicht gewusst, auf welche Vorgeschichte er zurückblicken kann.

Bis ich eines Tages eine Geburtsurkunde benötigte. Kann sein, dass es für meine Heirat anfangs der Siebziger Jahre war. Da stand unter Konfession, meine Eltern betreffend, ein Wort eingetragen, das mich befremdete. Nämlich »gottgläubig«. Was bedeutete das?

Es bedeutete, dass meine Mutter und ihr erster Mann fromme Nationalsozialisten gewesen sind, die, einem Zug ihrer Zeit folgend, aus der Kirche ausgetreten waren. Niemand hatte mir das erzählt. »Gottgläubig« war das Tarnwort für Vorsehung, Rasse, Boden und eine Höhere Macht, die große Pläne für Menschen deutschen Geblüts hatte. Nein, man war nicht atheistisch, doch Anhänger einer Religion semitischen Ursprungs, das war man sicher nicht.

Aber drei Jahre nach meiner Geburt, zwei Jahre nach dem Ende von all dem, setzte meine Mutter mir ein Blumenkränzchen aufs Haar, fotografierte mich und brachte mich in die Kirche, damit ich getauft wurde. Da war sie, wiederum einem Zug der Zeit folgend, flugs wieder eingetreten. Und wahrscheinlich sah sie entzückend aus in einem ihrer taillierten Vorkriegskostüme, als sie mit mir an der Hand zum Altarraum ging, und ich ergänzte mit meinem Kränzchen auf Blondlocken vorteilhaft ihr Erscheinungsbild, während mein leiblicher Vater unter den Gemeindemitgliedern im Kirchenschiff saß und uns mit den Augen verschlang.

Gott war also wieder zurück in deutschen evangelischen Kirchen, in denen deutsche Christen saßen, die zu vergessen versuchten, was das noch kurz zuvor bedeutet hatte: Deutsche Christen. Nämlich die Auslieferung des christlichen Glaubens an politische Mächte, die für Weltkrieg, Massenmord und die Zerstörung der christlich geprägten Zivilisation in der Mitte Europas verantwortlich waren. Mit meiner Taufe und der vieler anderer Kinder, die unbegreiflicherweise mitten im Tohuwabohu des Untergangs entstanden und zur Welt gekommen waren, wurden zarte Pflänzchen eines zivilisatorischen Neuanfangs gepflanzt, während in den Bombenruinen der Städte die Brennnesseln aufschossen. Gott kehrte langsam zurück und besah sich den Schaden.

Er lieh der neuen Partei CDU seinen Namen, verfügte die Wiedereröffnung christlicher Schulen und Kindergärten und half den Witwen und Waisen beim Trauern um die Gefallenen. Meine Mutter allerdings bedurfte seiner Hilfe nicht. Gott segnete sie im Vorübergehen und verlieh ihr die Weitsicht, ihre gesamte Vorkriegsgarderobe an Flüchtlingsfrauen zu verschenken und sich ganz im New Look einzukleiden, weit schwingenden, glockigen Röcken, die das karge Erscheinungsbild der Trümmerfrauen ablösten und ihre kriegs- und nachkriegsbedingt erhungerte schmale Taille zur Geltung brachten. Auch das oberhalb der Stirn geschlungene Kopftuch verschwindet in dieser Zeit von den Fotos. Sie trug das Haar mittelgescheitelt wie das von Vivien Leigh, nachdem Scarlett O'Hara den Amerikanischen Bürgerkrieg überlebt hatte. Vor allem segnete er sie, indem er ihr half, das Geheimnis meiner unstatthaften Abkunft zu verschleiern. Sie log, aber ohne Ingenium und Begabung dafür. Sie tat es für mich, aus Verantwortung für uns beide. Sie tat es aus reiner, praktisch begründeter Einsicht ins Notwendige, mit der man in ihrer Herkunftsfamilie den Anforderungen des Lebens begegnete.

Es mag für Spätergeborene nicht einfach zu begreifen sein, dass in den Zeiten, lange bevor es die Ehe für Alle gab und unverheiratete Eltern vollgültige Eltern waren, solches Lügen eine Frage des sozialen Überlebens war. Doch damals war es so. Ich möchte mir meine Kindheit als Frucht eines sündhaften Fehltritts nicht vorstellen. Wir hätten die Kleinstadt verlassen müssen, in der ich inmitten einer bürgerlichen Schicht aufwuchs, die uns ausgespien hätte, wenn es sich herumgesprochen hätte, woher ich stammte. Wir wären verarmt und verachtet in der Anonymität einer der Großstädte des Rheinlands untergetaucht. Keine unserer familiären oder freundschaftlichen Bindungen hätte dem standgehalten. Ich hätte nicht nur keinen Vater, sondern auch sonst niemanden gehabt, außer meiner Mutter, für die ich die Verkörperung jeglichen Unglücks gewesen wäre, der Fluch ihres Lebens, den man nur liebt, weil einem nichts anderes geblieben ist – das klassische Schicksal unehelicher Kinder in sexuell vorliberaler Zeit. Keine Verwandten, keine meiner zahlreichen Cousinen und Freundinnen. Jeglicher Umgang mit mir wäre *no go* gewesen. Was macht das mit einem Kind, und wer wäre ich heute?

Tapfere Mutter. Sie liebte das Lügen nicht. Sie war alles andere als eine Hysterikerin. Sie hasste die Heuchelei. Aber sie blieb unbeugsam darin. So schmiegsam und biegsam sie sonst auch war. Keineswegs das, was man heute unter einer starken Frau versteht. Niemandem vertraute sie sich an. Blieb standhaft bei der Version, dass ich dem letzten Fronturlaub ihres Ehemanns entstammte. Es kam so einigermaßen hin, und nachdem sich später niemand mehr genau daran erinnerte, wann das gewesen war, gewann es mit der Zeit an Glaubwürdigkeit. Selbst als viele

Jahre später, ich war zwölf, mein leiblicher Vater sich scheiden ließ und uns heiratete, blieb er der Onkel, mein Stiefvater. Unter ihrer strengen Aufsicht unterließ er alles, was väterlich hätte gedeutet werden können. Keine übertriebenen Interessensbekundungen an mir. Keine Erziehungsversuche. Ich kann nicht sagen, dass ich etwas vermisste. Ich hatte ja auch nichts erwartet. Erst kurz bevor er mit 82 Jahren starb – Doch das ist eine andere Geschichte.

Was ich sagen will: Gott blieb der Mann meines Lebens. Der Vater im Himmel. Und dann war da noch Jesus. Er war für mich der weihnachtliche Gottessohn, das Kind in der Krippe. Ich näherte mich ihm wie die Engel mit Gesang. *Den die Hirten lobeten sehre*, sangen am Heiligen Abend wir Kinder im Kirchenchor, indem wir uns langsam und mit Kerzen in den Händen aus verschiedenen Richtungen im Kirchenschiff auf den Altarraum zu bewegten, in dem die vierte Gruppe sich aufgestellt hatte, mit der man sich dort vereinigte, um den Schluss des *Quempas* gemeinsam zu singen. *Der Heiland ist geboren.* Es trieb den Erwachsenen die Tränen in die Augen, die gewaltige, domähnliche Stadtkirchenarchitektur, die Lichter, die Stimmen der Kinder, das alte Lied ... Es war diese rührend-festliche Inszenierung, an der ich teilhatte, die den Höhepunkt all meiner Kindheitsjahre bildete.

Die Weihnachtszeit, scheint mir, war damals viel numinoser. Es war noch die dunkle Zeit des Jahres, voller Geheimnisse. Die Hauptgeschäftsstraße von Unna war zaghaft adventlich geschmückt. Ich erinnere mich an das Schaufenster eines Schmuck- und Uhrengeschäfts mit bescheidener Auslage, dem ein einzelner Tannenzweig und eine silberne Kugel das weihnachtliche Flair gaben, und wie mich davor ein inniges Fühlen ergriff und für immer die Stimmung entfachte, die ich seitdem trotz allem gleißenden Tand und Weihnachtsmarktgedrängel abrufen kann. Was nicht ausschließt, dass meine Enkel einmal dieselbe Rührung genau dabei befallen wird.

War ich gläubig? Wie es Kinder sind. Überzeugt, dass es ein Oben gibt, das sich etwa dort befindet, wo sich ein Himmel über mir wölbt und alles Gute, mein Leben wohlwollend Begleitende in Gestalt Gottes wohnt, der sich nie blicken lässt, doch auf mich nieder blickt, und ich wunderte mich nicht darüber, zu erfahren, dass er mich geschaffen hatte, »samt allen Kreaturen«, wie ich im Konfirmandenunterricht nebst vielen anderen Texten auswendig lernte, und dass man seinen Geboten, soweit es möglich war, gehorchen sollte. Die Frage, ob er existierte, war so eng mit der Frage verknüpft, ob ich ein gutes Mädchen war, dass es zwar nicht geradezu verboten war, sie zu stellen, aber sich eigentlich doch verbot.

Und es blieb dabei. Die meiste Zeit meines Lebens trieb mich die Frage nicht um, ob Gott existierte. Es waren Jahre, in denen ich sehr mit dem Leben befasst war, Entscheidungen traf, in einen Beruf hineinfand, mich für einen Mann entschied, Kinder von ihm bekam und mich ein paar Jahre später entschied, die Entscheidung rückgängig zu machen, wodurch mein Leben in heftige Turbulenzen geriet. Ich müsste jetzt sagen können, dass mein Glaube mir Halt gab. Das war nicht der Fall. Ich fragte gar nicht danach. Und wenn ich heute danach frage, dann erscheint mir der Satz vom Halt Finden im Glauben merkwürdig formelhaft. Das beinhaltet keine Kritik daran. Er ist einfach nicht in meinem Repertoire.

Worin fand ich Halt? In pragmatischen Entscheidungen, die ich traf. In dem Entschluss, schwierigen Anforderungen genügen zu wollen. Das hieß konkret, den Wunsch, für meine Kinder zu sorgen, in Einklang zu bringen mit der Notwendigkeit, genügend Geld zu verdienen, und dem Wunsch, Bücher zu schreiben, der mich beseelte.

Damals begann eine Phase in meinem Leben, die lange andauerte: Die Zeit meiner frühen Frömmigkeit lag hinter mir. Zwar hatte sie meine Kindheit und Adoleszenz überdauert und war in ein Studium der Theologie eingemündet, allerdings nur mit dem Ziel einer Qualifikation für den gymnasialen Religionsunterricht. Zwar wäre es möglich gewesen, Pfarrerin zu werden, wenn ich die Studienschwerpunkte entsprechend gewählt und ein Vikariat angeschlossen hätte, aber das erforderte damals mehr Mut als ich hatte. Die Feminisierung des Pfarrerberufs setzte erst später ein. Damals waren Frauen unter den Theologiestudierenden noch eine Minderheit, von mir geschätzte zehn bis zwanzig Prozent, und die meisten von ihnen landeten wie ich im Schuldienst. Vielleicht war es auch nicht der Mut, an dem es mir fehlte, sondern mein Glaube befand sich bereits auf dem Rückzug, indem mein Interesse an Gott dem Interesse an den Männern gewichen war und unter den Theologen sich keiner fand, der es auf sich zu ziehen vermochte. Dennoch schloss ich das Studium mit Bestnote ab – weiß Gott, wie ich dazu kam, ich bin die lausigste Theologin, die ich kenne – und fand mich kurz darauf in einem niemals geliebten Beruf als Deutsch- und Religionslehrerin wieder, den ich einige Jahre lang allein um des Gelderwerbs willen ausübte.

Trotzdem verließ mich der Traum von der Kanzel nie. Als ich mich scheiden ließ und meinen Lebensentwurf neu konzipierte – zurück auf *Start* –, trat er mir noch einmal als Möglichkeit vor Augen. Aber es war ein anderer Traum, der sich davorschob und auch längst in die Phase der Realisierbarkeit eingetreten war: Im letzten Jahr meiner Ehe erschien mein erstes Buch, und mitten in meinem Trennungsdesaster schrieb ich das zweite und war, was ich immer sein wollte und seitdem niemals aufgehört habe zu sein: Schriftstellerin.

Gott trat sehr zurück hinter anderen Themen meines Lebens. Heranwachsende Kinder. Eine Liebschaft, die sehr viel später in eine zweite Ehe mündete. Lehrtätigkeit an einer Filmakademie, wo ich endlich keine desinteressierten Halbwüchsigen mehr, sondern begabte junge Autorinnen und Autoren unterrichtete. Derweil schrieb ich einen Roman nach dem anderen. Tatsächlich gab es unter sechzehn Büchern, die entstanden, zwei, in denen sich meine Schwäche für die Gottesthematik verriet: die Lebensgeschichte meiner leibhaften Großtante Lina, die Missionarin auf einer Südseeinsel war, und sehr viel später das Buch vom Sterben eines Mannes und Pfarrers, der kurz vor seinem Tod zu ergründen sucht, wer der Gott ist, dem sein Leben gewidmet war und der jetzt an seinem Sterbelager erscheint, weil er ihm einiges zu sagen hat. Irgendwie kam ich nie ganz von der Sache los.

Und jetzt? Ist es das Alter? Die in all den Lebensjahrzehnten angehäufte Sündenlast? Die Angst vor einem postmortalen Gericht, die unsere Vorfahren jahrhundertelang umtrieb und angesichts ewiger Höllenqualen verzweifeln ließ? Sofern ich mich selbst kenne, bin ich, wie auch die meisten meiner Zeitgenossen, frei davon. Daran kann es nicht liegen.

Allerdings steht es anders um meine Sünden, die ich als Flugreisende und Autofahrerin, als Wohlstandskonsumentin und Müllverursacherin begangen habe und für deren Folgen nicht ich hafte, sondern das Kollektiv der mit und nach mir die Erde Bewohnenden. Ein Sündenbewusstsein neuer Art ist an die Stelle des alten getreten. Es ist unabweisbar, es sprengt alle Dimensionen der Sündenlast früherer Epochen der Christenheit: Zerstörung der Umwelt, Ausrottung Tausender von Arten durch Zerstörung ihrer Lebensräume, Raubbau an den Ressourcen, die ebenso zukünftigen Menschen zustehen …

Ist die Verzweiflung der sich daran schuldig Bekennenden
weniger groß als die der Büßer früherer Jahrhunderte, all der
Flagellanten, Kreuzfahrer, Ablass Begehrenden? Hielt ich vor
Jahren die Frage, die Luther umtrieb: »Wie bekomme ich einen
gnädigen Gott?« für gänzlich aus der Welt gefallen, so denke
ich heute, dass viele von uns im Kampf gegen Klimawandel und
Verschmutzung der Meere von ähnlich entschiedenem Sündenbewusstsein getrieben sind.

Es ist die alte Geschichte vom Tauschhandel mit dem Teufel,
die ihre Macht über uns behauptet. Wofür haben wir unsere
Seelen verkauft? Für unsere Fettlebe. Unsere Bequemlichkeit.
Unsere Begehrlichkeit nach noch besserem Leben, noch mehr
Komfort und beeindruckenderen Auftritten. Schöner Wohnen,
weiter Reisen, großartig, fit und connected sein. Sollte ich nicht
verzweifelter sein? Den Rest meines Lebens darauf verwenden,
Buße zu tun? Sollten wir das nicht alle? Aber wie? Durch den
großen Verzicht? Bewusstere Ernährung? Urlaub im Garten?
Die konsequente Nutzung öffentlicher Verkehrsmittel statt des
eigenen Autos? Die Spatzen pfeifen es von den Dächern, was
wir tun sollen, um die Last unserer Sünden zu mindern. Doch
brauchen wir dazu noch Priester und Seelsorger? Brauchen wir
noch einen Gott, der uns Sünden vergibt? Sind es unsere Umweltsünden, für die der Kreuzestod Jesu Erlösung verspricht?
Hält dieser Gedanke noch? Ja, wir haben gesündigt. Mehr Menschen als jemals stimmen in dieses Bekenntnis ein. Aber gegen
wen? Gegen Gott, der seine Gebote erlassen hat, die wir über-
treten? Fehlt nicht ein Gebot dabei? *Du sollst dich nicht an deiner Umwelt versündigen/sie nicht zerstören?* Ist das Gebot in den
anderen Geboten enthalten? Nur recht gewundene Ableitungen
kämen da hin. Hat Gott es damals vergessen, als er nach über-
standener Sintflut verkündete: *Ich will hinfort nicht mehr die
Erde verfluchen um der Menschen willen.* Um in seiner Weisheit

hinzuzufügen: *Denn das Sinnen* (Luther: *Dichten) und Trachten des menschlichen Herzens ist böse von Jugend auf* (1. Mose 8,21). Wenn ich ihn da richtig verstehe: Bei euch ist ohnehin Hopfen und Malz verloren. Als wenn er gewusst hätte – und ohne Zweifel wusste der Allwissende es –, worauf es mit uns und der Erde hinauslaufen würde.

Offenbar gibt es neben den Übertretungen, die das Sündenbewusstsein früherer Menschen konstituierten, ein Sündenbewusstsein, das sich nicht auf Gottes Gebote richtet, sondern auf unsere Umwelt. Wir sündigen an ihr, wenn wir sündigen. Sünde und Strafe und Buße fahren fort, aktuell zu sein und uns zu quälen. Doch Gott hat sich aus ihnen entfernt. Und auch wir selbst haben uns aus dem alten Geflecht von Sünde und Buße entfernt. Da ist ein neues Subjekt entstanden, das sündigt: die Menschheit. Ich bin ein Teil davon, ja. Ein winziger Teil, umso winziger, je mehr Milliarden es gibt. Und meine Sünde? Wird sie auch immer winziger? Mitnichten. Sünde war stets und wird es stets sein: etwas ganz und gar Persönliches. Etwas Intimes, das nur Gott und mich angeht.

Gott, sieh meine Umweltsündhaftigkeit an. Kann sich ein Sünder verstecken im Kollektiv wie ein Dieb im Jahrmarktsgewimmel? Wäre ich ein Priester, der die Beichte abnimmt, was ich schon meines Geschlechts und meiner Konfession halber nicht sein könnte, würde ich den Beichtenden sagen: Du hast deine Ehe gebrochen, Steuern hinterzogen und deine Kinder vernachlässigt – vergessen wir das alles mal. Aber du hast einen SUV gekauft und deinen Urlaub in der Karibik verbracht. Für dich hätte Jesus siebenmal am Kreuz sterben müssen … Mich als Protestantin hat immer schon interessiert, was so im Beichtstuhl zur Sprache kommt. Werden dort auch Umweltsünden gebeichtet? Und gibt es Vergebung dafür? Oder hat sich da längst etwas abgespalten? Gehen die wahren Sünden die Kirche nichts mehr an?

Unsere Umwelt. Wieviel Selbstermächtigung liegt allein in dem Begriff. Ist das noch »Gottes Schöpfung«? Ist damit dasselbe gemeint? Ist das nicht ein wahrlich himmelweit Unterschiedenes? »Der Planet«. So sprechen wir neuerdings von der Welt. Etwas Kaltes und Fremdes weht einen daraus an. Ein nackter, um seine Sonne kreisender Körper im All. Geschichtslos. Ohne Zukunft und Vergangenheit. Ohne Schicksal. Ohne Bedeutung. Ein Ort unendlicher kosmischer Gleichgültigkeit. Aber nicht ohne dass wir Besitzanspruch erheben: Unser Planet. Unser Raumschiff … Zerstört es ja nicht … Wir wollen es noch nutzen … Wir haben (vorläufig) kein anderes …

Es ist die herzloseste Art, von der Heimat des Menschen zu sprechen. Und zugleich die gottloseste. Gott ist in ihr so abwesend, wie es früher nicht einmal denkmöglich war. Nicht allein der jüdisch-christliche Gott, sondern sämtliche Götter, an die jemals geglaubt wurde. Sie verabschieden sich hier. Gute Weiterfahrt auf dem Planeten …

Unser Planet. Mit der Sprache kann eine Welt zum Untergang gebracht werden. Und eine neue erstehen. Es ist die gottgeschaffene und von Gott erhaltene, die Schöpfungswelt, die im Ruf der Umweltschützer »Wir retten den Planeten!« untergeht. Sie besaß eine gewisse Heimatlichkeit und Weiträumigkeit gleichzeitig. Sie überwältigte uns mit der grandiosen Schönheit ihrer Gebirge, ihrer Wälder und Strände. Sie bezauberte uns mit weiten Horizonten und lockte hinaus auf die Suche nach Unbekanntem. Die Welt, die auf ihre Entdecker wartete. Die Eroberer auf den Plan rief – und noch ihre Nachgeborenen in Gestalt von Touristen. Geschrumpft zu einem Planeten, nicht einmal dem größten im Sonnensystem. Angsteinflößend nicht mehr durch seine Weite, sondern durch die Begrenztheit der Erdoberfläche. Wie viele von uns haben darauf Platz? Wie viele versorgt er mit Nahrung? Für wie viele reichen die sogenannten Schätze in seinem Boden, die es erst sind, seit wir ihre Verknappung bedenken?

Seit wann existiert das Wort *Umwelt*? Eine Drumherumwelt, von der wir geschieden sind? Ein neues Wort. Eine neue Welt. Wir sehen sie an, und sie blickt zurück. Und sie trägt die Zeichen unserer Verfehlungen. Sie vergisst nichts. Sie bestraft unsere Sünden, wie einst ein zorniger Gott unsere Sünden bestrafte. Mit Flutwellen, Stürmen und Feuersbrunst. Der Raum, den sie einnimmt, wird enger, indem wir die von uns besiedelten, das heißt zerstörten, Flächen erweitern. Land und Meere befüllen wir mit unserem Müll. Die Luft reichert sich mit unseren Abgasen an und erwärmt sich. Das ängstigt uns mehr als alles andere. War das nicht immer schon so, dass wir mit unseren Sünden unsere eigene Hölle anheizten? Bereits wird von »Erderhitzung« gesprochen. Da ist die Hölle nicht mehr fern.

Doch Gott bleibt aus dem Spiel. Der Zusammenhang von Sünde, Buße und Strafe ist, auf die Umwelt bezogen, ganz immanent und direkt. Wir sündigen gegen sie, und sie straft uns mit dem, was wir anrichten, mit Verschmutzung, mit Artensterben und Klimawandel. Wir brauchen keinen Umweg mehr über Gott, um zu begreifen, dass wir Sünder sind. Unsere Buße besteht im Konsumverzicht, ein fernes Echo auf mönchische Armutsgelübde. Wir müssen damit keinen Gott gnädig stimmen. Es geht um nichts als Unterlassung der Schadensverursachung.

Gott hat sich aus unserem Sündenbewusstsein entfernt. Die Sünde ist geblieben. Ja, sie bedrängt uns mehr und mehr. Sie bedient sich uralter Sprache und martert uns mit den alten, mittelalterlich anmutenden Werkzeugen. Bußprediger sind unterwegs. Ihr Tenor: Das Ende der Welt ist nahe. Tut Buße, solange noch Zeit ist. Ändert euer Leben! Ergreift die Schuldigen! Überantwortet sie dem Gericht! Junge Menschen verlassen die Schulen. Sie versammeln sich auf Straßen und Plätzen. Sie demonstrieren für eine bessere Welt. Ihre rhythmischen Rufe. Ihr Hüpfen, das eine ferne Erinnerung weckt an die Tanzprozessionen im 14. Jahrhundert.

Sie bildeten Kreise in den Straßen, tanzten stundenlang mit Sprüngen und Schreien, riefen die Dämonen an, sie nicht länger zu quälen ... oder schrien ihre Visionen hinaus ...[*]

Eine junge Frau führt sie an, die in den Rang einer Heiligen aufsteigt. Die Mächtigen der Welt empfangen sie mit allen Zeichen der Ehrerbietung. Wie die Jungfrau von Orléans einst am Hof Karls des VII. empfangen wurde. All das geschieht im 21. Jahrhundert. Die Macht des Religiösen scheint ungebrochen. Doch es ist eine Religion ohne Gott. Er wird nicht vermisst. Von ihm wird keine Weisung erwartet, keine Vergebung erbeten. Er zieht sich leise und fast unbemerkt weiter zurück.

Noch wird ein Text wie das Vaterunser gesprochen. Eine Art Selbstläufer. Auch Atheisten sprechen ihn zuweilen mit. Bei Trauerfeiern zum Beispiel, auch wenn kein Geistlicher sie mehr hält, weil der oder die Verstorbene kirchenausgetreten war. So viel glaubt man den Toten und ihrem Andenken noch zumuten zu können. Irgendetwas Sakrales muss wohl geschehen, wenn ein Mensch zu Grabe getragen wird. Reste. Nachhall. Überbleibsel einer Welt, in der Gott gegenwärtig war.

Ich denke an meine Tante Ruth. Wenn ich mich nach einem Besuch von ihr verabschiedete, sagte sie: »Gott befohlen« und blickte mich liebevoll an. Sie starb vor fünf Jahren hochbetagt. Niemand wird mehr »Gott befohlen« zu mir sagen.

Adieu. Adé. Ein nur noch mundartlich und immer seltener gebrauchter Rest. Mit leicht französisch geschultem Ohr noch verstehbar. In dem inzwischen auch im Süden des deutschen

---

[*]   Barbara Tuchman: *Der ferne Spiegel. Das dramatische 14. Jahrhundert*, München 1982, S. 241.

Sprachraums gebräuchlichen *Tschüss* ist das *A Deus* nicht mehr herauszuhören, obwohl es einmal nichts anderes bedeutet hat als das »Gott befohlen« meiner Tante.

Bis dann. Mach's gut. Wir sehen uns. Pass auf dich auf. Und tschüss …

Die gottfernen Jahre
Vom Glauben und was man so nennt

»Glaubst du an Gott?« Deine Enkelin, damals fünf oder sechs, hat dich das gefragt. Ihre Eltern, sagte sie, glaubten nämlich nicht an Gott. Doch im evangelischen Kindergarten liest man ihnen Geschichten aus der »Gott-hat-dich-lieb-Bibel« vor, die sie mit Leidenschaft nacherzählt. Noah auf der Arche und Jona im Walfisch sind ihr tief vertraut, und auch von Jesus weiß sie genau, dass er die Kinder liebt.

»Ja«, sagst du. »Ja, ich glaube an Gott.«

Was sonst sollst du sagen? Du würdest alles tun, alles behaupten, um ihr die Gewissheit zu geben, dass die Welt in Ordnung ist. Für den Rest vertraust du auf ihre Entwicklung, ihr Herz, ihre Intelligenz, die Liebe, mit der sie erzogen wird. Der Rest also ist nichts anderes als Gottvertrauen.

Du hoffst, sie hat das gespürt, als du ihr antwortetest. Du hoffst, dass sie nicht bald schon die erwachsene Herablassung gegenüber dem kleinen Kind in deiner Antwort entdeckt. Längst glaubt sie nicht mehr an den Osterhasen und den freundlichen Kerl, den sie Weihnachtsmann nennt, wie ihre Mutter ihr beigebracht hat, ihn zu nennen. Der Übergang zum nicht mehr glauben ist zögernd vonstattengegangen. Eine Zeitlang betrog sie sich noch gern selbst, ahnend, dass ihr etwas verlorenging. Dann aber wuchs ein neues Vertrauen in ihr, Vertrauen in sich selbst, das von Stolz begleitete Wissen, zu den Wissenden zu gehören, und sie wacht streng darüber, dass ihr kleiner Bruder nicht erfährt, dass die Erwachsenen ihm etwas vormachen.

Doch eines Tages wird sie ihm – nicht ohne Triumph – offenbaren, wie dumm und naiv er war. »Wusstest du das etwa

nicht?«, wird sie sagen. »Es sind die Eltern, die die Osternes-
ter verstecken.« »Klar«, wird er behaupten, »das weiß ich schon
lange.« Und aus der erfahrenen Beschämung wird er die Lehre
ziehen, dass Glauben und Vertrauen ziemlich uncool sind, und
sich in Zukunft in Acht nehmen.

Du betest mit den Kindern, solange sie klein sind, nicht älter
als fünf oder sechs. Dann stellst du – evangelischer Kindergarten hin oder her – fest, dass sie nicht mehr erpicht darauf sind.
Nicht dass sie sich sträuben, aber sie geben dir sehr deutlich zu
verstehen, dass es nicht ihr, sondern dein Ding ist zu beten. Und
du gibst es nach und nach auf, zumal du weißt, dass die Eltern
nicht auf die Idee kämen, ein Nachtgebet mit den Kindern zu
sprechen. Sie machen andere hübsche Dinge, singen, lesen vor …
Und wenn du ehrlich bist: Betest du etwa in deinem eigenen Bett,
bevor du einschläfst? Na bitte.

Mit der Zeit begreifst du, dass es für die Kinder ein Oma-Ding
ist, nichts anderes, abends zu beten. Zur Not machen sie es mit,
weil sie dich »lieb haben«. Aber so hast du es natürlich nicht
gewollt, und du verlegst dich auf eine Art Nachtgebet light, indem du ihnen beim Bettabschied kurz eine Hand auf die Stirn
legst und einen kleinen religiösen Zauberspruch sprichst, den
du irgendwann mal gehört und hübsch gefunden hast: »Dass
Gott dich behüte in all seiner Güte«, sagst du. Das lassen sie
einfach geschehen, und heimlich hoffst du, dass es sich in ihr
Langzeitgedächtnis einschreibt, und liebst die Vorstellung, dass
sie vielleicht eines Tages, wenn du schon lange nicht mehr am
Leben bist, dasselbe mit ihren Kindern oder gar Enkeln machen
und dass auf die Art eine kleine Unsterblichkeit für dich dabei
herausspringt.

Ein religiöser Zauberspruch? Das hieße ja: ein Segen! Du hast
nichts dagegen. Ja, es ist eigentlich mehr als das von dir Beab-
sichtigte, dass es ein Segen ist. Möge es einer sein. Du wünschst

dir nichts sehnlicher, als dass das Leben dieser Kinder gesegnet sein möge. Das heißt ein gelingendes Leben für sie. Aber was hat dein Einschlafspruch damit zu tun? Du kommst um die Erkenntnis nicht herum, dass Magie dabei im Spiel ist. Du hast keinen Wunsch ausgesprochen. Du hast nicht gesagt: Ich hoffe dies und das für euch. Du hast einen magischen Spruch getan. Du hast das Dasein dieser Kinder in Bezug gesetzt zu einem göttlichen Walten. Das ist ein starkes Stück. Du bist nicht einmal sicher, ob es den abwesenden Eltern recht wäre, dass du das tust. Doch was das Religiöse anbelangt, hast du wahrscheinlich eine Art Narrenfreiheit bei ihnen. Sie glauben wohl, dass es den Kindern nicht schadet, wenn du ein wenig religiösen Budenzauber mit ihnen machst. Es gibt Schlimmeres, denken sie.

Deine Söhne hast du nicht fromm erzogen. Taufe. Das Kleinkinderbeten. Später Konfirmation. Religionsunterricht. Du kannst dich nicht erinnern, dass Themen daraus am häuslichen Tisch besprochen worden wären. Auch nicht in der Zeit, als du selber noch Religion unterrichtet hast. Ungern. Gezwungenermaßen, weil du nun einmal das Fach studiert hattest. Du batst die Schulleitung darum, möglichst nicht dafür eingesetzt zu werden. Nur wenn es sich stundenplantechnisch nicht vermeiden ließe. Du erinnerst dich nicht gern daran. Das Gefühl zu versagen. Die Pein, es vor den auf dich gerichteten Augen halbwüchsiger Mädchen und Jungen zu tun. Ihr mangelndes Interesse, ihre Verachtung. Bis heute träumst du manchmal, dass du eine Klasse betrittst und im selben Augenblick weißt, dass du keine Ahnung hast, was du unterrichten sollst. Und du beginnst zu sprechen, weil das von dir erwartet wird. Du machst weiter und drischst leeres Stroh und spürst, wie enttäuscht alle von dir sind und wie ihre Enttäuschung in Ärger umschlägt, wie es lauter und lauter wird, und du redest weiter, und weiter drischst du leeres Stroh und denkst die ganze Zeit nur daran, wann endlich der Pausengong schlägt. Lieber Gott, lass die Stunde zu Ende gehen, denkst du die ganze Zeit.

So eine Religionslehrerin bist du gewesen. Und sollte es dir dann und wann doch gelungen sein, die Aufmerksamkeit der Schüler auf etwas zu richten und sie zum Nachdenken darüber zu bringen, dann hast du trotzdem die ganz Zeit auf das Ende der Stunde gewartet. Du hast dein Staats- und Kirchenexamen zu nichts anderem benutzt als Geld damit zu verdienen. So war's. Nicht einmal deine eigenen Kinder hast du zu Christenmenschen zu erziehen versucht. Keine Tischgebete bei euch. Keine Bibellektüre. Keine häufigeren Kirchgänge. Allenfalls so etwas wie der Verzicht auf Verächtlichmachung der Religion. Ein Rest von Respekt vor ihr.

Nein, es war mehr als das. Du müsstest sie fragen, wie sie es erlebt haben. Ob sie in der sorglosen Gottesferne dieser Jahre geborgen waren. Ob sie nichts vermisst haben. Du erinnerst dich, wie einer deiner beiden Söhne aus dem Kindergarten kam, fünf oder sechs Jahre alt, wo sie ihm das Gleichnis vom barmherzigen Samariter erzählt hatten. Er war außer sich vor Ergriffenheit. Er spielte es. Er erzählte es wieder und wieder. Seine Seele war ganz erfüllt davon. Und das gefiel dir, und wahrscheinlich zeigtest du ihm, dass es dir gefiel, und hoffst noch heute, dass du ihn darin bestärkt hast, fromm zu sein. Und das war er. Er war es von Anfang an. Innige Konzentration beim Kleinkinderbeten, während sein Bruder Faxen machte und froh war, wenn es vorbei war. Sieh an, hast du gedacht, eine *anima naturaliter christiana*. Du hast sie wild wachsen lassen, die christliche Seele. Und später, als er längst erwachsen war, hast du manchmal zu ihm gesagt: »Vor hundert Jahren wäre jemand wie du Pfarrer geworden, keine Frage.« Er hatte die ganze Begabungsstruktur: Sprachen, Literatur, Geisteswissenschaften, dazu die Gabe der Rede vor Publikum – doch er dachte gar nicht daran. Aber als einer der Wenigen in den Kreisen seiner Freunde ist er nie aus der Kirche ausgetreten, es käme ihm nicht in den Sinn. Er besitzt heute als längst nicht mehr junger Mann eine große konfessionelle Gelassenheit, eine Art religiöser Nonchalance, die dir sehr vertraut ist und keiner Definition von Standpunkten bedarf. Undenkbar, dass du ihn fragtest, ob er gläubig ist. Du weißt, was er ist, und glaubst, dass er weiß, was du bist, und niemals daran gezweifelt hat. Und wenn er mit seiner Familie bei dir zu Besuch ist und alle anderen schon längst schlafen gegangen sind, sprecht ihr noch lange darüber, was im letzten Vers des *Tedeum* »*non confundar in aeternum*« das Wort *confundar* bedeuten soll. Das Thema ist weder für ihn noch für dich zu weit hergeholt. Luther hat es mit »zuschanden werden« übersetzt, obwohl es eigentlich so etwas wie »zusammenschmelzen« heißt. Du denkst an das Schicksal der Moleküle, aus denen dein Körper besteht. Sie werden nach dem Gesetz der Entropie in Unordnung geraten, wenn du gestorben bist. Da wird nichts mehr sein, das sie in Form hält, in der Form deiner physischen Existenz. Doch was immer aus ihnen wird, sie werden weiter existieren, sich zu neuen Formen vereinen, die nicht mehr das Geringste mit dir zu tun haben. Würmer, Wurzeln, Spinnweben, Grassamen … *Non confundar in aeternum?* Aber genau das wird geschehen, wenn du gestorben bist!

Es ist ein jubelnder Siegesruf, ein leidenschaftliches, trotziges Bekenntnis zum Leben, Kampfansage an den Tod. Es wäre halsbrecherisch naiv, wenn es nicht der Schluss eines großen Gotteslobs wäre – *Te deum laudamus* – und wenn diese ungeheuerliche Behauptung: *Ich werde in Ewigkeit nicht vergehen* in etwas anderem gründete als in der Hoffnung, die sich auf Gott richtet: *In te, domine, speravi*. Eigentlich kann man es nur singen, und es gibt kaum einen großen Komponisten, der es nicht vertont hat. Und keinen Chorsänger der Welt, keine Chorsängerin, die am

Ende des Mozart-Tedeum nicht weiß, dass sie in Ewigkeit nicht zuschanden wird.

Du weißt, wovon du sprichst. Rausch. Ergriffenheit. Vor vielen Jahren hast du es selber gesungen. Als deine Stimme dir noch zu Diensten war. Als du noch bis zum hohen *e* kamst, wenn es sein musste.

Glauben – du wünschst, man ersparte dir dieses Wort. Singen, ja. Lobsingen, ja. Worte für ein Gebet suchen und finden, als käme dir Gott dabei auf halbem Wege entgegen. Der Schönheit biblischer Verse nachspüren, *der Herr ist mein Hirte*, ihren Reichtum erahnen, den Zauber christlicher Feste erfahren, am Gottesdienst teilnehmen, und auch wenn die Predigt enttäuscht, auf den Augenblick warten, in dem der Schlusssegen gesprochen und dich mitmeinen wird. All das ja! All das erfährst du im Überschwang, und etwas in dir verlangt danach. Trotzdem weißt du nicht, ob du von dir sagen darfst, dass du an Gott glaubst.

Du denkst an all die religionsfeindlichen Statements, die du auf Facebook liest. Sie beziehen sich auf den Islam und meinen den christlichen Gott gleich mit, wenn sie von einer »nicht existenten Fantasiefigur« sprechen, die für viele Menschen eine unbegreiflich große Rolle spielt. Eine verhängnisvolle Rolle. Die Welt wäre ein besserer, ein friedlicherer Ort ohne Religion. Dahingehend sind die meisten der Kommentatoren sich einig. Es sind Alltagsphilosophinnen wie du und ich, Was-läuft-da-falsch-in-der-Welt-Analysierer. Du glaubst, du weißt, was sie meinen, und bist sicher, dass da von dir nicht die Rede ist. Aber was unterscheidet ihn, deinen Gott, von der »Fantasiefigur« seiner Verächter?

Gute Frage.

Bedarf denn »Gott« zu denken der Fantasie? Man käme nicht weit damit. Vor den Toren des Himmels, weit vorher, endet die Macht der Fantasie. Und ehrlich gesagt, nicht einmal in den Ro-

manen, die ich geschrieben habe, war es meine Fantasie, der ich
vertraute. Viel mehr verließ ich mich auf erworbenes Wissen,
auf Lebenserfahrung, Menschenkenntnis und das Erahnen eines verborgenen Zusammenhangs, der sich beim tieferen Blick
hinter die Kulissen des Lebens zu zeigen schien. Fantasie wird
meiner Gotteserkenntnis nicht helfen. Weit weniger, als sie der
Menschen- und Lebenserkenntnis geholfen hat.

Doch woher weiß ich, dass »Gott« mehr ist als eine Projektion
des menschlichen Geistes?

Eines lange vergangenen Tages holte ich meine Söhne, elf und
zwölf Jahre alt, gegen Ende der Sommerferien aus dem Zelt-
lager ab. Es handelte sich um ein christliches Feriencamp, das
mir von einer sehr glaubensbewegten Bekannten empfohlen
worden war, und es offenbart meine erzieherische Sorglosigkeit, dass ich ohne weitere Bedenken davon ausgegangen war,
dass die Kinder unter betont christlicher Leitung gewiss keinen
schädlichen Einflüssen ausgesetzt sein würden. Beide Jungen
traf ich gesund und in guter Verfassung an. Ein wenig befremdete mich allerdings ihr Erzählen von nächtlichen Suchaktionen
im Wald nach einem verlorengegangenen Jungen, der nur durch
inbrünstiges Beten und mit Jesu Hilfe wieder aufzufinden war.
Nein, es ist keine Missbrauchsgeschichte, die ich hier erzähle,
und doch …

Er wisse jetzt, sagte mein jüngerer Sohn, bei dem meine schwa-
chen Versuche christlicher Erziehung bis dahin völlig fruchtlos
geblieben waren, er wisse jetzt, dass sein Leben Jesus gehöre.

Wie bitte?

Er habe das auch in Gegenwart der anderen Kinder und der
Erzieher bei den Andachten bekannt. Man müsse dazu nach
vorne gehen und vor sie hintreten …

Es ist lange her, und ich kann mich an meine Reaktion nicht
mehr erinnern, hoffe aber, dass ich trotz meines mit den Jahren

noch gewachsenen Zorns die nötige Gelassenheit an den Tag legte. Mein Sohn jedenfalls hat keine bleibenden Schäden davongetragen. Die »nicht existente Fantasiefigur« Jesus hat sich unauffällig wieder aus seinem Leben entfernt und ihn, soviel ich weiß, nicht mehr bei nächtlichen Waldgängen heimgesucht. Ich bedaure es heute, dass ich ihn vor solcher Art religiöser Manipulation nicht ausreichend beschützt habe.

Wir beschützen unsere Kinder nur mangelhaft. Dieser Mangel ist uns immer als Schuld und als Sorge bewusst. Unsere Liebe für sie ist aus Mangel, aus Schuld und aus Sorge gewebt, und das hört bis in unser Alter und ihr Erwachsengewordensein nicht auf. Mein Glaube an Gott ist in dieses Gewebe mit eingewebt. Er schließt ein, dass meine Mangelliebe nicht alles an Liebe ist, was den Kindern zuteilwird. Immer habe ich sie angesehen und gedacht: Was tue ich denn dazu, dass sie »groß werden« – sie wachsen mir ja entgegen! Und jetzt, da sie Männer und selbst Väter sind: Das also steckte in ihnen!

Es ist ein Wirkzusammenhang, den ich nicht ohne Gott denken kann. Wohlgemerkt: M a n kann ihn sehr wohl ohne denken, aber ich denke ihn so und lebe so darin. Und das ist wohl mein Glaube. Es ist kein Idyll. Denn es schließt auch das Misslingen ein. All die verschlungenen Wege, Streit, Unglück, Missverstehen … Und je älter ich werde, desto deutlicher wird es für mich: Nicht nur in der Verbundenheit mit der Familie – in allen Lebensbezügen, von denen ich betroffen bin, in meiner Arbeit, meiner Ehe, meinen Freund- und unterdrückten Feindschaften, meinen Besitz- und Nichtbesitzverhältnissen, meinem Erleben politischer Entwicklungen und der Veränderungen in der Gesellschaft …, besteht ein Wirkzusammenhang, der Gott einschließt. Ja, mir scheint jetzt, trotz all der gottfernen Jahre, dass er der eigentliche Mitspieler war, mein heimliches Gegenüber, und am Ende werden er und ich die Einzigen auf der Büh-

ne meines Lebens sein, und es wird nicht mehr die Frage sein, an
wen ich glaube, sondern wessen ich bin.

Darum frage ich nicht mehr danach, wer Gott ist, viel weniger,
ob es ihn gibt, sondern halte mich gelassen an das, was Bibel und
christliche Lehre darüber sagen, Schöpfer des Himmels und der
Erde, Vater Jesu Christi ... denn ich weiß ja, dass ich ihn in meinen Lebensbezügen und nirgendwo anders erfahren kann, der
Wunderkammer meiner Existenz und dem ganzen Schlamassel,
in dem ich stecke, solange mein Leben währt. Und ich suche ihn
dort. Ich suche nach den Spuren seiner Existenz darin und lasse
mich überraschen, wenn ich sie finde.

So wie damals, als ich spätabends nach einem anstrengenden
Tag zu unserem Waldhaus fuhr. Ein Weg von eineinhalb Stunden über die Landstraßen. An den Anlass der Fahrt kann ich
mich nicht mehr erinnern. Vor der Haustür stellte ich fest, dass
ich den Schlüssel vergessen hatte. Ich musste noch einmal zu-
rückfahren, um ihn zu holen. Drei Stunden vollkommen verlorene Zeit. Und plötzlich, wieder im Auto auf nächtlichen Straßen: Es gibt keine verlorene Zeit, dachte, nein, wusste ich. Und
dass es gleichbedeutend war mit: Meine Zeit kommt aus Gottes
Hand. Das Letztere war eher ein Nebenprodukt meiner Einsicht,
souffliert von der Religion, die ich in mir trage.

Das stete Hintergrundrauschen unseres in der Welt Seins, die
gegebene Zeit – auf einer nutzlosen nächtlichen Autofahrt fand
ich die Spuren der Gegenwart Gottes darin, so nachhaltig, dass
mir die Erinnerung daran bis heute, etwa vierzig Jahre später,
geblieben ist.

Wahrscheinlich sind wir, bin ich, nicht dafür ausgelegt, Epi-
phanien zu erfahren. Selbst die religiösen Titanen, von denen
die Bibel erzählt, fühlten sich der Begegnung mit Gott nicht gewachsen. Jakob behielt ein Hüftleiden davon zurück. Mose, zunächst neugierig, als er sah, dass der Dornbusch brannte, ohne

vom Feuer verzehrt zu werden, hielt den Anblick dann doch nicht aus, als er hörte, wer zu ihm sprach, der Gott Abrahams, Isaaks und Jakobs, und verhüllte sein Haupt. Paulus, auf dem Weg nach Damaskus, erblindete für ein paar Tage, nachdem ihm Jesus als Licht vom Himmel erschienen war und: »Saul, Saul, was verfolgst du mich?«, gefragt hatte. Sie alle gingen verändert daraus hervor.

Das ganze Buch, Altes wie Neues Testament, scheint ein Kompendium der Geschichten von Gottesbegegnungen zu sein. Männer, Frauen (leider seltener), Väter und Söhne, Brüder, Könige, Hirten, Bauern, Arme und Reiche, Fischer, Kaufleute, Soldaten, Priester und Inhaber weltlicher Macht – sie alle erleben auf vielfache Weise, wie Gott in ihr Leben tritt, unverhofft, irritierend, und es auf den Kopf stellt wie das der Propheten, die er beruft, ohne auf ihre eigene Lebensplanung Rücksicht zu nehmen. Jona zum Beispiel ist keineswegs motiviert. Er sucht das Weite, bucht eine Schiffsreise nach Tarsis – es nützt ihm nichts. Er geht über Bord, wird vom Wal verschluckt und wieder an Land gespien, bis er endlich einsieht: Gegen Gott ist er machtlos. Auch der Prophet Jeremia gebraucht zunächst Ausflüchte (»Ich bin zu jung«) und fügt sich dann in seine Bestimmung. Alle werden sie von Gott zum Dienst berufen. Da gibt es keine Initiativbewerbungen. Gott kommt auf sie zu, wie später Jesus auf die Jünger, die er beruft. So geschieht die Begegnung mit Gott. Es ist fast unmöglich, sich gegen den Anspruch zu wehren, der davon ausgeht, und die lebensverändernde Macht zu ignorieren, die darin wohnt.

Das Buch mit all seinen Teilen ist zwei- bis dreitausend Jahre alt. Das Narrativ »Gottesbegegnung« offenbar von enormer zeitloser Kraft und erzähldramaturgisch unüberbietbar. Menschen in all ihrer Schwäche und Bedingtheit begegnen einer machtvollen göttlichen Instanz, einem Willen, dem der ihre in keiner

Weise gewachsen ist. Werden sie sich widersetzen? Werden sie sich fügen? Ihre Chance besteht von Anfang an nicht darin zu obsiegen, sondern sich selbst zu erkennen in ihrer Gottesgeschöpflichkeit, ihrer Bestimmung als seinem Willen untertan, Ausführende seines Plans. Ein sehr spezieller Fall konfrontativer Dramaturgie: In Ergebung liegt die Erhöhung, der größte Sieg. König David wird daran scheitern wie viele andere. In der Einwilligung Jesu in seinen Kreuzestod als Erfüllung göttlichen Willens findet dieses Narrativ, das Altes wie Neues Testament in all ihren vielfältigen Erzählungen überspannt, seinen Höhepunkt und seine Auflösung.

Es gibt keinen Anlass, dieses gewaltige Gebäude existentieller Dramatik, das die Bibel ist, in den Bereich des historisch Angestaubten und nicht mehr Relevanten zu verweisen. Es besteht keine Notwendigkeit, gläubig zu sein, um sich seiner Kraft, seiner Poesie, der Spannung seiner Erzählungen zu überlassen. Begegnung von Menschen mit einer Kraft, die menschliche Kräfte weit übersteigt, ist das Thema. Es ist ungeheuerlich – so als Lektüre betrachtet.

Um dann plötzlich, hilflos vor einer verschlossenen Tür stehend, während die Wälder ringsum sich in Schweigen hüllen, etwas zu finden, das einer Spur der Anwesenheit Gottes gleicht, jeden Maßstab ins Große verändernd, als wenn eine Stimme sagte (und zweifellos ist sie nur in dir selbst): »Es gibt keine verlorene Zeit.«

Weit davon entfernt, Glaubensbekenntnis zu sein. Ein frommer Gedanke? Vielleicht. Mehr nicht. Überraschend, die Eingebung, die ihm gefolgt ist: Meine Zeit kommt aus Gottes Hand, auch die nutzlos verbrachte.

Aus der Tiefe
Vom Gebet

Man nennt es Gebet. Es ist die schwierigste Übung, die anspruchsvollste, die kühnste von allen. Mit … Gott … reden …

Beten, das klingt sehr nach *Bitten*. Lieber Gott, ich hätte da einen Wunsch …

Allein die Anrede: *Lieber Gott* … Ist Gott lieb? Das wird nicht behauptet. Es ist das Brief- oder Predigtanrede-Lieb: *Liebe Gemeinde* … Es will nichts über die Angesprochenen aussagen, nur das: Ich setze mal voraus, dass ihr mir gewogen seid, ein offenes Ohr für mich habt. Geneigte Leser … Lieber Herr Gesangverein …

Lieber Gott … Das kommt schon sehr umstandslos daher. Ist das die Art, Gott anzusprechen? D e n Gott? Nicht einmal weltlichen Autoritäten würde ich mich derart distanzlos anbiedern. *Lieber Bundespräsident* … Und gewiss nicht erwarten, dass meine Post beantwortet wird, geschweige denn meinem Anliegen stattgegeben.

Die meisten Tage meines Lebens waren gebetsfrei. Kein echtes Bedürfnis, meine Probleme mit Gott zu bereden und beim Bewältigen derselben um Hilfe zu bitten. Das gibt mir kein Gefühl von Überlegenheit. Eher macht es mich nachdenklich hinsichtlich des Verdachts, dass mir ein Übermaß an Leid und Bedrängnis erspart geblieben ist. Obwohl es Tage gab, da ich mich für verzweifelt genug hielt. Und vielleicht waren es die, die nicht ganz gebetsfrei geblieben sind. Denn Leid und Verzweiflung enthalten Impulse, die eine Hinwendung zu Gott begünstigen, unabhängig davon, ob man ihn für den Urheber derselben hält.

Gott! Mein Gott! Das sind keine Glaubensbekenntnisse, sondern Verzweiflungsbekundungen, ausgestoßen in Momenten
der Hilflosigkeit, des Entsetzens, der Ausweglosigkeit. Stoßgebete nennt man das. Und weiß Gott, wer ohne Stoßgebete durchs
Leben kommt.

Glauben hin oder her – in Momenten des außer uns Seins,
äußerster Bedrängnis wie vielleicht auch äußersten Glücks, in
Augenblicken der Überwältigung nennen wir den Adressaten
unserer Gedanken und Empfindungen *Gott* und fragen nicht
danach, wen wir damit meinen, und meinen eben den, nämlich
den Adressaten unserer Empfindungen, unserer Pein, unserer
Angst, unserer Verzweiflung wie unserer Überwältigung durch
das Glück. Vor allen anderen Zuweisungen von Bedeutung ist
Gott das! Lange bevor wir fragen: Existiert ein Gott?, wenden
wir uns an ihn, bedürftig nicht einmal nach Hilfe, sondern nach
Aufmerksamkeit für uns. Sieh, Gott, auf mich, wie ich leide. Sieh
meine Angst. Sieh mein Glück. Sieh meine Einsamkeit. Mein
Sterben.

Ist das nur ein sprachlicher Reflex aus vorsäkularen Zeiten?
Eine überkommene Redensart? Ach du lieber Gott?

Das kommt ganz auf uns an. Zu wieviel Rückhaltlosigkeit sind
wir fähig? Und wem muten wir sie zu? Unseren Partnern? Unseren Geliebten? Unseren Freunden und Freundinnen? Oder
bezahlen wir Therapeuten dafür, dass sie unsere Rückhaltlosigkeit aushalten? Unsere nackte Angst. Unsere nackte Verletztheit.
Unsere unbeherrschbare Sucht. Nur im Rausch des Anfangs
einer neuen Liebe glaubt man, dass Rückhaltlosigkeit sexy ist.
Später weiß man, dass sie nicht nur schwer erträglich sein kann,
eine Zumutung, sondern auch die Nähe gefährden, die zunächst
möglich schien. Dann lieber den Therapeuten. Viele Beziehungen verlaufen so. Die Sexsüchtigkeit am Anfang hat damit zu
tun. Und es gibt Männer, wahrscheinlich auch Frauen, für die

es außerhalb des Bettes nicht möglich ist, offen zu sein, hinge-
bungsvoll und rückhaltlos, weil sie das Risiko scheuen, das mit
der Selbstpreisgabe einhergeht, in der beides beschlossen liegt,
das Glück einer Liebesbeziehung und seine Gefährdung. Segne
Gott unsere Liebesgeschicke.

Denn die vollkommene Rückhaltlosigkeit gibt es nur im Gebet. Da wenden wir uns an die ultimative Instanz, die von uns
gedacht werden kann, und wir nennen sie *Gott*. Wir begreifen,
dass angesichts ihrer keine Verstellung mehr möglich ist. Jede
Lüge, jeder Selbstbetrug wird an ihr zuschanden. Verbergen
können wir da nichts. Mit Gott zu sprechen, das ist die radi-
kalste Variante des sich Aussprechens. In keiner Kommunika-
tion kann man, darf man so offen sein. Wer im Gebet etwas von
sich zurückbehält, spricht mit wem immer, einem Stellvertreter-
popanz eigener Machart, jedoch nicht mit Gott.

Alles im Gebet ist ein radikal Äußerstes. *Du, Gott.* Keine Höf-
lichkeitsanrede. Nichts Konventionelles. Kein Kotau vor dem
Inhaber der höchsten Macht. Keine bestochenen Thronwächter,
die den Zugang kontrollieren. Kein Hofzeremoniell. Nur dies:
Auch das Ich, das Gott anspricht, muss ein radikales sein, nämlich das innerste Ich, das wir in uns tragen, prädikats- und vor-
aussetzungslos. Es hat keine Titel, keinen Rang, keine Verdiens-
te, es schmückt sich mit nichts, verkörpert nichts, es hat alles
Qualifizierende abgelegt. Den Eifer, mit dem es gewöhnlich um
Redezeit für sich ringt, wie auch die Scheu, die es sonst oft zum
Schweigen bringt.

Das Gebet ist die Rede, die so frei wie keine andere ist. Kein
Test ist zu bestehen. Keine Meinung zum Ausdruck zu bringen.
Kein Argument will gehört werden. Keine Partei ergriffen. Das
Ich der Betenden hat aufgehört, Ego zu sein. Es ist das kostbarste,
intimste Ich, von dem wir hoffen, dass es eines Tages entdeckt
und gesehen wird, und gleichzeitig fürchten, dass das geschieht.

Es ist das Ich, das sich sonst nur in der Liebesbegegnung offenbart, das Liebes-Ich. Dieses Ich spricht im Gebet mit Gott.

Herr du erforschest mich und kennst mich, spricht es. *Ich sitze oder stehe auf, so weißt du es. Du verstehst meine Gedanken von ferne. Ich gehe oder liege, so bist du um mich und siehst alle meine Wege. Denn siehe, es ist kein Wort auf meiner Zunge, das du, Herr, nicht schon wüsstest …*

Es ist der 139. Psalm. Sein Dichter muss ein Mensch von unerhörtem religiösen Ingenium gewesen sein. Denn während er betet, entdeckt er den Gott erst, zu dem er spricht. Und die Entdeckung, wer Gott ist, überwältigt diesen Mann (Schwestern, verzeiht mir, ich gehe einfach davon aus, dass es einer ist). Sie überwältigt ihn derart, dass Angst und Entsetzen Besitz von ihm ergreifen.

Von allen Seiten umgibst du mich und hältst deine Hand über mir.

Das ist kein Gott, den man lokalisieren kann. Keine Statue. Keine Gottheit, die ein Heiligtum bewohnt, zu dem man hinpilgert. Aber was dann? Der Mann versucht es zu begreifen. Doch *diese Erkenntnis ist mir zu wunderbar und zu hoch.*

Wo hört dieser Gott auf zu sein? Wie der Mann sich auch dreht und wendet, er findet die Grenzen der Gegenwart Gottes nicht. Das ist wunderbar. Aber es ist auch entsetzlich. Denn:

Wohin soll ich gehen vor deinem Geist und wohin soll ich fliehen vor deinem Angesicht? Führe ich gen Himmel, so bist du da; bettete ich mich bei den Toten, siehe, so bist du auch da. Nähme ich Flügel der Morgenröte und bliebe am äußersten Meer, so würde auch dort deine Hand mich führen und deine Rechte mich halten …

Mehr als zweieinhalbtausend Jahre später sind wir vermöge der schriftlichen Überlieferung dabei, wie ein Mann sich einen Gott erfindet.

Wie bitte? Gott ein Konstrukt? Nichts als eine Behauptung, die immer auch mit Selbstbehauptung einhergeht und in Motive und Ambitionen des Sprechenden zerlegt werden kann?

Doch Jahrtausende avant la lettre widersteht dieser Text dem Eifer der Dekonstruktivisten. Denn er lässt nicht nur Gott, er lässt auch uns in das Innere des Psalmisten blicken und Zeugen der großen Erschütterung werden, die dort herrscht. Eine radikale Infragestellung seines Selbst folgt aus der Begegnung mit dem Gott, den zu denken er gewagt hat. Wohin soll er sich bergen, wohin sich retten, um sein Ego vor Gott in Sicherheit zu bringen? Vom Zerschellen jeder Selbstbehauptung ist hier die Rede. Erst in der Entdeckung seiner Gottesgeschöpflichkeit setzt das Selbst sich wieder zusammen: *Ich danke dir dafür, dass ich wunderbar gemacht bin. Wunderbar sind deine Werke; das erkennt meine Seele* ... und hält so dem Blick Gottes stand, dessen Augen ihn schon sahen, *als ich noch nicht bereitet war* ... Ein neues Selbstbewusstsein ist im Gebet entstanden. *Erforsche mich Gott und erkenne mein Herz*, kann es jetzt sagen, und *prüfe mich* ...

Es ist ein großer Augenblick. Der Mann ist allein. Ich stelle ihn mir vor dem weiten Horizont einer wüstenähnlichen Landschaft vor.

Von allen Seiten umgibst du mich, Gott, spricht er. Von hier an sind alle Grenzen gesprengt. Auch die Grenzen der Auslegung eines Textes und seiner Deutung. Es ist ein leidenschaftliches, entfesseltes Sprechen. Es schöpft aus allen Quellen der Bildhaftigkeit und Poesie. Wir lesen *Flügel der Morgenröte* ... Wir lesen *am äußersten Meer* ... Wir lesen von einer Nacht, die leuchtet wie der Tag ... Wir hören einen Menschen in leidenschaftlicher Begeisterung sprechen, entflammt von seiner – sollen wir sagen Vision? eines Gottes, der den weiten, leeren Raum erfüllt und vor dessen Allanwesenheit es keine Zuflucht, kein Versteck ge-

ben kann, weder im umgebenden noch im innerlichen Raum,
keine geheimen, verborgenen Seelenwinkel, nichts Verdrängtes,
keine Ausflüchte und Schutzbehauptungen, keine Fassaden, keine Posen, hinter denen das wahre Selbst sich verbirgt.

Das Gebet dieses Mannes ist vorbehaltlos und wahrhaftig. Das
folgt nicht aus einem moralischen Impuls, sondern aus der Allanwesenheit des Gottes, zu dem er spricht. Gib dir keine Mühe
zu lügen, versuch es erst gar nicht, du bist von allem Anfang an
schon durchschaut. Und der Mann erschrickt. Das ist verständ-
lich. Doch darin liegt auch ein großer Trost. Denn nirgends, wohin er sich wendet, nicht am äußersten Meer, wird er von seinem
Gott verlassen sein. Ein grandioser Gedanke. Ein grandioser
Text, radikal und von großer poetischer Kraft. Im Duktus der
Leidenschaftlichkeit gesprochen.

Die Geburt des Gebets aus der Leidenschaft, die Gott als
Zeugen ihrer selbst anruft. Eine Romanstelle kommt mir dazu
in den Sinn. Sie ist aus Nabokovs *Lolita* von 1955, wahrhaftig
kein frommes Buch. Die Geschichte einer großen und ver-
hängnisvollen erotischen Passion. Am Ende, nach einer jahre-
langen verzweifelten Suche, findet der Protagonist seine einst
junge Geliebte wieder. Er erkennt in ihr nur noch den Schatten,
das ferne Echo des Nymphchens, das ihn damals um den Verstand brachte. Aber er fleht sie an, mit ihm zu gehen und für
immer bei ihm zu bleiben. Die Leserin erkennt mit Schrecken,
dass er diese inzwischen heruntergekommene, von einem anderen Mann schwangere Frau einfach unsterblich liebt. Doch
sie denkt gar nicht daran, ihm zu folgen. Sie begreift nichts.
»Vielleicht irgendwann in der Zukunft?«, fragt er verzweifelt.
Und dann:

»Ich will einen ganz neuen Gott erschaffen und ihm mit
durchdringenden Schreien danken, wenn du mir diese mikro-
skopische Hoffnung gibst.«

Ein Gebet im Modus des Konjunktivs, ein unheiliges Gebet. Nichts als der Aufschrei einer gequälten Seele. Die Antwort: »Nein«, sagte sie. »Nein.«

Und ein Verbrechen nimmt seinen Lauf. Großartige Literatur handelt nicht von großartigen Menschen. Sie zeigt sie uns im Augenblick ihres Höllensturzes und der äußersten Bedürftigkeit nach einem Gott, den sie niemals erreichen. Einzig die Leidenschaftlichkeit macht sie groß. Und die Meisterschaft eines genialen Erzählers.

Im Matthäusevangelium kritisiert Jesus das leidenschaftslose Beten der Berufsfrommen, die ihre Frömmigkeit ausstellen wollen. Politisch korrektes Verhalten in biblischen Zeiten, das darauf abzielt, bezeugt und gesehen zu werden. Gott aber sieht in das Verborgene (Mt 6,5f.), sagt Jesus und kommt damit dem Dichter des 139. Psalm nahe.

Das Gebet: ein leidenschaftlicher Text. Ein Gedankenwagnis. Denk deinen Gott und wage es, mit ihm zu sprechen. Er wird dich erkennen. Er wird in dein Innerstes blicken. Er wird dir nicht erlauben, dein Innerstes vor ihm zu verbergen. Es wird gar nicht möglich sein. Denk ihn nur kühn genug. Allanwesend. Hast du es? Sprich jetzt mit ihm!

Keine fromme Übung, ein Akt der Selbstentblößung und spirituellen Leidenschaft ist das Gebet. Es setzt keinen Glauben an einen so und so definierten Gott voraus, der seinen Existenzbeweis durch »Gebetserhörung« selbst liefert. Was geschieht, das geschieht. Was wir beeinflussen können, versuchen wir zu beeinflussen. Sollten wir tatsächlich einen darüber hinausgehenden Einfluss nehmen wollen auf die Kontingenz des Geschehenden, indem wir uns an einen Gott wenden, der die Fäden in der Hand hält?

Der Gebetstext, den Jesus empfohlen hat und der wunderbarerweise seit zweitausend Jahren nachgesprochen wird, enthält

nichts dieser Art. Sondern *Dein Wille geschehe.* Allenfalls um
das Nötigste zur Erhaltung unseres Lebens, *unser tägliches Brot,*
bitten wir darin. Und um die Vergebung unserer Schuld und die
Erlösung von dem Bösen, das unsere Existenz durchwirkt. Kraft
und Herrlichkeit weisen wir am Ende Gott zu, was den Mangel
daran in unserem eigenen Wirkungsbereich einschließt. Auch
in diesem höchstautorisierten Gebet kreist das Denken um den
Gott, zu dem wir sprechen. Wer ist es? Unsterbliches Gedankenwagnis: Unser Vater im Himmel!

   Denke ihn so, und dann sprich zu ihm. Empfehlung von Jesus
Christus.

   Gott denken. Irre ich mich, oder ist »Gott« von allen der
kühnste Gedanke, den man denken kann? Und die Form, in
der sich das vollzieht: das Gebet. Vielleicht, in einem Moment
wahrhafter Versenkung, blitzt plötzlich ein Gottesgedanke auf
und erlischt wieder und hat einen Augenblick, einen Ewigkeits-
augenblick lang geleuchtet wie eine Sternschnuppe im August.
Mehr nicht. Gott hat nicht ins Rad der Geschichte gegriffen,
nicht unsere ehrgeizigen oder dämlichen Wünsche vollstreckt –
aber was? Was geschieht, was kann geschehen, während wir im
Gebet unsere Gedanken so lenken, dass sie um den Gott kreisen,
den wir zu denken vermögen? Wir wissen nicht, ob es derselbe
ist, zu dem andere beten. Bei aller Orientierung an christlicher
Überlieferung – wir wissen es einfach nicht. Unser Gottesver-
hältnis ist sehr intim, sehr privat, überraschend privat, wenn
man es recht bedenkt. Vielleicht beten wir alle, sofern wir beten,
zu einem je eigenen Gott. Und wenn es so wäre?

   Einen Gott zu haben, an ihn unser Sprechen zu richten, ist das
vielleicht Privateste unserer Existenz. Ein Kostbares. Kein ver-
briefter Besitz. Seine Aneignung geschieht nämlich nur im Gebet, dem ganz persönlichen Reden mit einem Gott, der es wird,
während wir ihn ansprechen als den, der er für uns ist. Unfass-

bar Anwesender in unserem Leben. Zeuge unserer Not, unseres Alleinseins, unserer Angst und unserer glücklichen Momente … Adressat für die Dankbarkeit, mit der wir uns allmorgendlich selbst wiederfinden. Quelle unserer Kraft für den Tag …

Denn auch wir werden und wandeln uns im Gebet. Das ist es, was durch das Gebet geschieht. Darin besteht seine Erhörung. Die Dinge des Lebens bekommen ein anderes Gesicht, wenn wir ein paar Sätze lang Gott denken. Vielleicht, dass wir dann auch anders an sie herangehen und dass dadurch die Wendung der Dinge befördert wird, um die wir bitten. Voilà: Gottes Antwort.

Als meine Mutter eine alte Frau war und nicht frömmer, als sie jemals gewesen war, hing über ihrem Schreibtisch ein gerahmter Spruch in Englisch, weise und banal wie die meisten weisen Sprüche:

God grant me the serenity, begann er – hübscher Anglizismus – und handelte von den Dingen, die man ändern, und denen, die man nicht ändern kann. Gott schenke mir die Einsichtsfähigkeit, um das Eine vom Anderen unterscheiden zu können, stand da sinngemäß.

Kluge Mutter. Sie ließ den Dingen schon immer gern ihren Lauf und musste sich wohl kaum im Gebet dazu durchringen. Bald sollte Gott ihr die Ergebung in den Verlauf einer schweren Altersdemenz zumuten. Am Ende all unserer Gebete steht unser Einstimmen in das *Dein Wille geschehe* des Vaterunsers, und wir müssen erkennen, dass das der Grundtenor aller Gebete ist.

Ein Todesurteil mit Folgen
Von Jesus Christus

Frauen waren verrückt nach ihm. Männer auch, vielleicht sogar noch mehr. Sie legten ihre Arbeit nieder, verließen ihre Familien, liefen ihm nach. Eltern empörten sich. Frauen schrien, Kinder weinten. Den Evangelisten ist das keine Zeile wert. Man rief ältere Brüder herbei, damit sie die Verführten zur Raison brächten. Es endete damit, dass auch sie alles stehen und liegen ließen und dem Charme des Verführers erlagen. Er konnte es sich leisten, unter vielen zu wählen, und wählte Zwölf, denen er gestattete, sich in seiner Nähe aufzuhalten, Mahlzeiten mit ihm zu teilen und die Quartiere seines unsteten Lebens. Frauen nicht mitgezählt. Lukas im 8. Kapitel erwähnt einige namentlich: Maria Magdalena. Johanna, die Frau eines Verwalters des Herodes, und eine Susanna. *Und viele andere*, fügt er hinzu, *die ihnen dienten mit ihrer Habe.* Sieh an. Die Frauen hielten diese Männer aus. Sagen wir: Sie spendeten für sie. Es war ja nicht so, dass die Spenderinnen nichts dafür bekommen hätten. Er, Jesus, hatte die Frauen gesund gemacht, heißt es, sie von bösen Geistern befreit. Was für Geistern? Schwierige Frage. Der Evangelist führt nichts weiter aus. Vielleicht ist aber die Annahme nicht zu weit hergeholt, dass der Umgang mit diesen Frauen sich vormals recht schwierig gestaltete, zumal für die Männer, denen sie entlaufen waren. Unzufriedene Frauen. Sich unausgefüllt fühlende. Voller latenter Empörung angesichts ihrer Lebensumstände. Gereizt. Zu Ausbrüchen neigend. Sehnsüchtig nach mehr, als ihnen ihr Leben bot. Soweit ein Versuch, annäherungsweise zu begreifen, von welchen Geistern hier die Rede ist.

Weniger schwierig ist es, sich vorzustellen, was zum Beispiel jener Verwalter des Herodes namens Chuza von der Sache hielt. Seine Frau, plötzlich der Geister ledig, die sie gequält hatten, und unter Mitnahme von Geld, das vermutlich aus seiner Schatulle war, mit einem Wanderprediger auf und davon. Da mag so mancher betroffen gewesen sein, der später *Kreuzige ihn!*, rief.

Was die Evangelisten berichten, ist niemals die ganze Geschichte. Jeder Erzähler von Graden weiß, dass seine Erzählung durch Auslassungen ihr Format gewinnt.

Wie sah Jesus aus? Kein Wort davon. War er schön? Warum nicht davon künden? Anziehend muss er gewesen sein. In ungewöhnlichem Maße anziehend. Der römische Statthalter, der ihn zum Tode verurteilen sollte, führte ihn mit den Worten vor: *Ecce homo*. Seht den Menschen.

Das ist außerordentlich. Ein Prototyp des Menschlichen. Oder Männlichen? Nicht ausgeschlossen. Seht ihn an!, sagt er. Sieht ein Verbrecher so aus?

Mehr ist es also nicht, was wir über den Phänotyp wissen, als der Jesus in Erscheinung trat: So sieht ein Mensch aus. Wir sind so schlau wie vorher. Zudem steht es beim letzten der Evangelisten, Johannes, der seinen Bericht so lange nach den Ereignissen schrieb, dass niemand mehr lebte, der noch ein Erinnerungsbild an Jesus in sich trug. Einen jungen Mann, Anfang Dreißig, dem es nicht beschieden war, zu altern. Kein Weisheitslehrer im weißen Bart.

Vielleicht sah er für jeden anders aus. Eine Projektionsfläche, die den Reflex auslöste: So muss wohl ein Mensch aussehen. Ein Phänotyp von gefährlicher Ambivalenz. Gefährlich für ihn. Denn gleich darauf wird geschrien werden: *Kreuzige ihn!* Er ließ offenbar niemanden kalt, in keiner Hinsicht. Und wer so tat, als ob er ihn kalt ließe, der tat nur so. Wie Herodes, der, wie allein Lukas berichtet, zunächst sehr erpicht darauf war, auch mit dabei zu sein, wenn endlich etwas geschah in der römischen Randprovinz, wo ihm von imperialen Gnaden eine kleine Hofhaltung zugestanden war. Da brachte man ihm den Mann, der in Jerusalem gerade das Thema des Tages war, und er hatte sich fest vorgenommen, sich auf dessen Kosten zu amüsieren, ihn seiner Hofgesellschaft vorzuführen und ein paar weitererzählenswerte Anekdoten zu produzieren. Er hatte sich, wenn er ganz ehrlich war – doch das war er eigentlich nie –, vorher ein paar Fragen an Jesus zurechtgelegt und die Pointen geplant, die sich daraus gewinnen ließen. Aber Jesus schwieg. Was immer Herodes ihn fragte, mit welchen Scherzen und Provokationen er ihn auch aufzulockern versuchte – Jesus schwieg. Er antwortete einfach – nichts. Der Albtraum für Moderatoren. Herodes bereute, dass er sich auf das Spiel eingelassen hatte, erkannte aber die Chance, den Kontakt zum römischen Statthalter zu intensivieren. Und während die beiden Herren einen gepflegten Abend miteinander verbrachten, einander näherkamen und den Grundstein für eine, wenngleich oberflächliche, Freundschaft legten (Lk 23,12), war Jesus bereits seinen Folterern übergeben worden.

So oder so ähnlich. Ich gebe zu, dass das Szenische, wie ich es hier darstelle, wahrscheinlich keiner bibelwissenschaftlichen Betrachtung standhält, sondern von Andrew Lloyd Webber und seinem Musical *Jesus Christ Superstar* inspiriert ist, bin jedoch wie Webber sicher, dass der Ablauf der Ereignisse, die im Tod Jesu am Kreuz gipfelten, dramaturgisch von unüberbietbarem Impact war und dass Herodes dabei die denkbar schwächste und banalste Vorstellung gab (*Aber Herodes mit seinen Soldaten verachtete und verspottete ihn … und sandte ihn zurück zu Pilatus*; Lk 23,11). So dass er die Travestie seines Auftritts ins Komische mehr als verdient hat, die Barmusik, das Geklimper, die Tuba, den Dixielandsound …

So You are the Christ
You're the great Jesus Christ
Prove to me that You're divine
Change my water into wine …

So if You are the Christ
You're the great Jesus Christ
Prove to me that You're no fool
Walk across my swimming pool …

If You do that for me
Then I'll let You go free
C'mon, King of the Jews …

Komik im Kontext der Leidensgeschichte? Mondäne Albernheit? Slapstick? Ziemlich abgefahren. Und was sagt Jesus dazu? Gar nichts. Er schweigt. Im Evangelium wie auch auf der Musicalbühne. Herodes *fragte ihn viel. Er aber antwortete ihm nichts* (Lk 23,9).

Dieses Schweigen.

Redest du nicht mit mir?, fragt Pilatus ihn später (Joh 19,10). *Weißt du nicht, dass ich Macht habe, dich loszugeben, und Macht habe, dich zu kreuzigen?*

Dieses Schweigen. Sollte er nicht seine gottgegebene Beredsamkeit nutzen, um Pilatus zum Freispruch zu bewegen? Den mächtigen Mann, der begonnen hat, der Faszination dieses Angeklagten zu erliegen, und bereits danach trachtet, ihn freizulassen (Vers 12)? Es fehlt doch gar nicht viel dazu. Pilatus ist ja von der Unschuld Jesu überzeugt und hat das bereits öffentlich geäußert. *Ich finde keine Schuld an ihm* (Joh 19,6). Danach geht er *wieder hinein in das Prätorium* (Vers 9), um mit Jesus zu sprechen (unter vier Augen?), während draußen eine erregte Menge versammelt ist und auf einer Entscheidung besteht. Die Span-

nung verdichtet sich. Zum letzten Mal liegt es an Jesus, sein Ge-
schick zu wenden. Eine heimliche Übereinkunft zu versuchen.
Etwas Derartiges liegt in der Luft. Wäre es nicht möglich gewesen? Etwa: Lass mich gehen. Ich habe Leute, die meine Flucht ar-
rangieren. Ich verschwinde. Ich werde mich nie wieder in Jerusalem sehen lassen. Gib ihnen Barabbas! Sie brauchen irgendein
Opfer. Es wird ihnen egal sein, wer schließlich am Kreuz hängt.
Wir beide wissen doch genau, wer hier der Verbrecher ist ...
Niemand würde etwas davon erfahren haben. Die Welt ist voller halblegaler Kungeleien, von denen nie jemand erfahren hat.
Kein Evangelium, kein Oratorium, kein Musical handelt von ihnen, kein Lied, keine Erzählung kündet davon. Sie verschwinden
im Dunkel des Nichterzählten, Unbesungenen, in dem fast alles
verschwindet, was je geschieht.

Doch dies, was hier jetzt geschieht, wird in Jahrtausenden un-
vergessen sein. Es ist ein politisches Lehrstück. Ja, das ist es auch.
Ein dramatisches Geschehen, vielleicht, nein sicher, das großar-
tigste Drama, das wir kennen. Ein Drama, in dem sich göttliche
Wahrheit und teuflische Niedertracht begegnen und auf Tod
und Leben miteinander ringen, bis – wer? – gewinnt. Der Tod?
Ja. Aber das ist nicht das letzte Wort.

Was daran politisch ist? Sind wir nicht daran gewöhnt, es als
die Geschichte zu lesen, in der es darum geht, wie Gott unsere Erlösung ins Werk setzt? Er sendet seinen Sohn in die Welt,
lässt ihn eine Zeitlang segensreich darin wirken, dann lässt er
ihn seinen Feinden in die Hände fallen und gönnt ihnen einen
Scheinsieg, bevor er ihn als Auferstandenen triumphieren lässt.
Ich kann nur hoffen, dass Jesus das auch wusste. Dass er nämlich
ein Ass in dem Spiel war, das Gott mit der Welt spielte. So lässt
sich eine Kreuzigung vielleicht zur Not durchstehen.

Doch alles spricht dafür, dass es nicht so war. Er war denen in
die Hände gefallen, die ihr eigenes Spiel spielten und dabei vor

nichts zurückschreckten. Den Niederträchtigen. Den Korrupten. Den Ideologen. Den Brutalen und den Schwächlingen. Den Herz- und Empathielosen. Den Ehrgeizigen. Den um ihre Macht Besorgten. Den Unsicheren und Mutlosen. Den Geltungsbedürftigen. Scheinheiligen. Verrätern. Allen, die auch ihre kleine Rolle in dem Spiel spielen wollten. Denn mitspielen dürfen ist immer, nicht nur in der Kindheit, ein großes Herzensanliegen für jeden von uns. Ich denke, es war eine ziemlich gewöhnliche Menschenauswahl.

Die Hohenpriester und Schriftgelehrten: gewöhnliche Meinungselite. Sie bangten um ihren Einfluss, ihre Definitionsmacht. Sie waren nämlich nicht annähernd so überzeugend und rhetorisch begabt wie Jesus, und die meisten von ihnen besaßen keine Spur von seinem Charisma. Die Frauen erzählten sich Witze über sie, ihre lästigen Anmachversuche. Dafür jedoch besaßen sie das Selbstwertgefühl derer, die es geschafft haben, Meinungselite zu sein. Und den »Zehnten« (eine Art Kirchensteuer? Ein Rundfunkbeitrag?), von dem ihnen wahrscheinlich ein gar nicht so unerheblicher Anteil zustand. Sie hätten zufrieden sein können. Aber zufrieden ist dieser Typus nie.

Die bewaffneten Ordnungskräfte, auch Kriegsknechte genannt. Ihnen war die Geißelung Jesu aufgetragen. Das war nicht schön. Die Epidermis platzt auf. Blut rinnt. Der so Misshandelte schreit und stöhnt. Er kann nicht anders. Der Schmerz löst Reflexe aus. Auch Jesus stöhnte und schrie. Auch er war nicht sicher, was schlimmer war: der Schmerz oder die Erniedrigung, wenn sie ihn schlugen, nachdem sie ihm die Augen verbunden hatten, und höhnisch fragten: *Weissage, wer ist's, der dich schlug?* (Lk 22,64) *Und noch mit vielen anderen Lästerungen schmähten sie ihn.* Es ist ein zutiefst perverser Mut, den sie unter Beweis stellen, wenn sie den Hilflosen quälen. Auch unter ihnen herrscht dieses Anliegen vor: mitzuspielen. Und einer möchte den anderen gern übertrumpfen in der Grausamkeit. Das ist – wie soll man es sagen? – irgendwie menschlich.

Pilatus: Er besaß die Macht. Da wird es wirklich politisch. Es war die Macht, die Rom vergab. An mehr Macht war gar nicht zu denken in diesem Teil der Welt. Pilatus ist ein gebildeter Mann. Und er trägt es zur Schau. Er hat seine Philosophen gelesen und sich die Haltung der Stoa angeeignet. *Was ist Wahrheit?*, fragt er müde (Joh 18,38) und verlässt den Raum. Die Frage ist rhetorisch. Er will keine Antwort darauf von diesem Handwerkersohn aus der Provinz, der philosophisch nicht satisfaktionsfähig ist. So verhält sich ein versierter Dekonstruktivist, der auf der Höhe heutiger Debattenkultur ist, denen gegenüber, die glauben, dass Begriffe wie *Liebe*, *Heimat*, *Mann* oder *Frau* … etwas bedeuten, statt Dekonstruktionsmasse zu sein.

Doch was macht Pilatus, den Überlegenen, so unsicher? Was macht ihm Angst? (Joh 19,8) Das ist eine Frage, die mitten ins Herz der Mächtigen zielt.

Die Mächtigen kennen sich aus, wenn sie es mit anderen Mächtigen zu tun haben. Oder mit solchen, die die Macht entweder hassen oder respektieren. Aber was tun sie mit einem, der weder das eine noch das andere erkennen lässt? Einem, der einfach schweigt und nicht die geringste Beeiferung zeigt, sich zu verteidigen? Der ganz und gar nicht mitspielen will? Weder als Opfer noch als Mitbewerber um die Macht?

Das Problem der Mächtigen ist, dass sie um den Verlust ihrer Macht fürchten. Der Evangelist Johannes ist ein genialer Schriftsteller, der nicht erklärt, sondern zeigt. Er zeigt uns Pilatus, den Klugen, den Mächtigen, den auf der Karriereleiter so weit wie möglich Emporgestiegenen, den keineswegs nach Blut dürstenden Tyrannen, sondern kultivierten Mann, der sich mehr als zweitausend Kilometer wegwünscht von dem Ort, an dem er sich befindet, von Jerusalem nach Rom, wo er mit gleichermaßen kultivierten Menschen Umgang hätte, die seine Sprache sprechen und Götter verehren, die auch er verehrt, weit entfernt von dem Eifer, mit dem man hier die Religion betreibt. Zivilisierte Rituale, eine gebändigte Priesterschaft, deren Dienst dem Staatswohl untergeordnet ist. Dagegen diese Erregung, die aufgepeitschte Menge, deren Geschrei von der Straße her in die Räume seines Amtssitzes dringt. Barbaren, denkt er, weiß aber, dass dieses Wort nicht den Kern der Sache trifft. Für Barbaren hat Rom seine Truppen, es beherrscht sie mittels Gewalt. Das hier ist etwas anderes und ungleich schwerer zu beherrschen. Doch genau das verlangt Rom von ihm. Dazu ist er hier. Diese Bestie zu bändigen, deren Erregung einen Anlass hat, den er nicht versteht. Ist er etwa ein Jude? (Joh 18,35) Er darf nicht versagen. Er ist Rom. In ihm verkörpert sich Roms Macht. Zeigt er Schwäche, wankt die Herrschaft des Reichs. Wenn er nur begriffe, was diese Leute wollen, die da vor seinem Amtssitz aufgezogen sind. Ein Opfer. So viel begreift er. Dass sie ein Opfer wollen. Es ist meine Pflicht, denkt er, ihnen um der Aufrechterhaltung von Ordnung und Ruhe willen ein Opfer zu geben. Die Mächtigen denken gern an ihre Pflicht, wenn sie gerade schwach sind und nachgeben.

Jemand von seinen Mitarbeitern tritt zu ihm und erinnert ihn flüsternd daran, dass es anlässlich des Festes, das bei den Juden gefeiert wird, Sitte ist, einen zum Tode Verurteilten zu begnadigen. Glänzende Idee. Sollen sie ihr Opfer haben und den Verbrecher ans Kreuz nageln. Es ist immer ein Schauspiel für das Volk in den Provinzen. Das wird genügen.

Es genügte nicht. Sie wollten Jesus. Da ließ er ihn geißeln. Vielleicht genügt ihnen das, dachte Pilatus. Es war keine Kleinigkeit. Es geschah nicht öffentlich, und es dauerte. Vielleicht verlaufen die Leute sich, dachte er. Doch unterschätzte er die Macht der Fantasie, die sich darauf richtet, was hinter verschlossenen Türen geschieht, gesetzt den Fall, es ist grausam, was da geschieht. Die Leute wurden ganz still, aber sie blieben. Und sie wurden für ihre Geduld belohnt.

Den man hinausführte, mehr schleppte als dass er selber ging, war ein Verwandelter. Nichts verwandelt einen Menschen nachhaltiger, als eine Folterung es tut. Sie macht keinen Helden aus ihm, auch wenn er es noch so tapfer ertragen hat. Sie bringt etwas anderes in ihm hervor. Eine Gottesebenbildlichkeit anderer Art. Was jetzt noch von ihm übrig ist, ist unzerstörbar. Alles Zerstörbare ist zerstört. Stolz, Schönheit, Haltung, Rhetorik, Autorität … Und noch das Unzerstörbare hatten sie versucht zu zerstören, indem sie es mit Lächerlichkeit bekleideten. Einen Travestiekönig hatten sie aus ihm gemacht, indem sie ihn in purpurfarbene Lumpen gehüllt und ein groteskes Gebilde auf seinen Kopf gedrückt hatten, eine Krone aus Dornengestrüpp, die ihn zusätzlich folterte.

Die Menge hielt kurz den Atem an. Einige versuchten zu lachen und verstummten wieder. So dass man deutlich hören konnte, was Pilatus sagte, obwohl es, lateinisch gesprochen, eigentlich nur an ihn selber gerichtet war: *Ecce homo* … Er hatte das Unzerstörbare in ihm erkannt und den Menschen gesehen.

Es steht außer Frage: Pilatus hätte ihn retten müssen. Er besaß die Einsichtsfähigkeit dazu, die Sensibilität und Vornehmheit der Gesinnung – es reichte nicht aus, um richtig zu handeln. Es reichte nicht aus, um einem zweifelsfrei als unschuldig Erkannten ein qual- und schmachvolles Sterben zu ersparen. Klugheit und Vornehmheit reichen nicht, um das Gute zu tun. O Gott. Was braucht es denn noch dazu?

Pilatus sah Jesus an. Er sah das Unzerstörbare in ihm, doch er sah auch das Elend. Er sah, wie tief dieser Mann gesunken war, mit dem er sich gerade noch beinah auf Augenhöhe abgegeben hatte, ja, dessen Ausstrahlung – er wollte das vergessen – seine Selbstsicherheit infrage gestellt hatte, seine vom Gottkaiser verliehene Autorität untergraben. Hoffentlich hatte niemand etwas davon gemerkt, die Wachen, die Berater ... und dieser Mann in seiner elenden Verkleidung und mit dem Blick seiner alles durchschauenden Augen, der auch jetzt auf ihn gerichtet war. Er hatte es gemerkt, Pilatus spürte es. Und – mit einer gewissen Erleichterung dachte er: Aber er wird ja bald sterben. Die Toten zeugen nämlich nicht mehr gegen uns. Da war sein Urteil gesprochen, bevor er es fällte.

Er war vielleicht einer der Besten unter den Schlechten, die die Geschichte mit Namen kennt. Ein kluger, vornehmer Mann, angenehm in seinen Umgangsformen, gebildet und nachdenklich. Er respektierte das Anderssein der Menschen in den römisch besetzten Gebieten, ihre kulturelle und religiöse Prägung, solange sich das im Rahmen römischer Gesetze hielt. Heute wäre er für eine leitende Position in der UNO geeignet oder eine Karriere in der Hierarchie des Weltwirtschaftsforums. Mangel an solchen Leuten hat wohl niemals geherrscht. Doch niemals hat einer von ihnen namentlich Eingang gefunden in ein derartig großes Narrativ und das Bekenntnis einer Weltreligion.

Sie sind nichts ohne die Vielen, in den Evangelien *das Volk* oder *die Juden* genannt. Das Kollektiv. Es ist der eigentliche Akteur der Geschichte. Sie spielt im öffentlichen, nicht im privaten Raum. Selbst der Tod, die privateste Sache der Welt – hier ist sie öffentlich. Öffentlicher als eine Kreuzigung kann Sterben nicht sein. Selbst unter den Hinrichtungsarten ist sie die öffentlichste. Bis zum Ende des Sterbeprozesses wird der Sterbende den Blicken aller Zuschauer ausgesetzt, von allen Plätzen aus sichtbar in seiner erhöhten Position. Auf dem Schafott stirbt der Mensch mit dem Gesicht nach unten. Auf dem Scheiterhaufen verhüllen Flammen und Rauch den Anblick seiner Qual. Am Kreuz ist der Schauwert des Sterbens total. Und das Volk, das *Kreuzige ihn!* rief, wollte diesen Mann ganz wörtlich sterben s e h e n.

Das Kollektiv ist das Subjekt dieses Willens. Von einzelnen Personen, die darunter waren, berichten die Schriften nichts. Das Volk treibt die Dynamik der Vorgänge an. Pilatus fürchtet das Volk (Joh 19,8), und das mit Recht. Demonstrationen, die in Aufruhr übergehen, sind das Letzte, was ein Statthalter fern von Rom brauchen kann. Tatsächlich versteht Pilatus nicht, was das Volk will. Ihm scheint das Ganze eine abstruse innerjüdische Angelegenheit zu sein. Und die war es auch.

Doch da begann das Volk, seine Sprache zu sprechen. Es war ein perfider Trick. Die Einpeitscher hatten ganze Arbeit geleistet. Wer immer sie waren. Die Schriftgelehrten oder die Wortführer, die es in jeder Versammlung gibt. Sie sind Meister darin, Empörung anzufachen. Empörung aber ist wesentlicher Bestandteil der Niedertracht. Sie ist mit Abstand der dämlichste *state of mind*. Nichts schaltet zuverlässiger die Intelligenz aus. Empörte sind immer im Recht. Die Überzeugung, im Recht zu sein, vertreibt jede kritische Nachfrage. Empörte treten in Rudeln auf. Sie rücken gern zusammen und sind gemeinsam stark. Sie verbrauchen viel Energie, um den Grad der Erregung sicherzustellen, den die Empörung braucht. Deshalb muss immer neu Energie zugeführt werden. Die Hohenpriester waren dafür zuständig und versahen diese Aufgabe gut. Hier und da brachten sie gewisse Parolen ins Spiel, die zwischen den Demonstranten aufflackerten und sich unter ihnen wie Lauffeuer verbreiteten: *König der Juden ... Gottes Sohn ...* – und die Empörung anfachten, bis sie in dem Ruf *Kreuzige ihn!* hell aufloderte. Andersdenkende verzogen sich an die Ränder der Versammlung und hofften, dass nicht bemerkt wurde, wie sie den

Mund hielten. Ab jetzt war alles möglich und die Niedertracht bodenlos.

Lässt du diesen frei, bist du des Kaisers Freund nicht, riefen ein paar Oberschlaue. *Denn wer sich zum König macht, der ist gegen den Kaiser* (Joh 19,12).

Peng. Das saß.

Auf einmal findet sich Pilatus neben Jesus auf der Anklagebank wieder. Und zwar mit dem Rücken zur Wand. Er muss jetzt seine eigene Kaisertreue beweisen. Es ist kaum zu glauben.

Pilatus nimmt auf dem Richtstuhl Platz. Noch einmal versucht er, den Leuten bewusst zu machen, wie absurd das Ganze ist. Er weist auf den Mann mit der Dornenkrone, auf das, was die Soldaten von ihm übriggelassen haben: *Seht, das ist euer König!* (Sieht etwa so ein König aus?)

Weg mit ihm! Kreuzige ihn!, wird skandiert. Sie haben jetzt ihren Rhythmus gefunden, sprechen mit e i n e r Stimme, verschmelzen zum Gewissenskollektiv, das die Schuld in sich aufnimmt. Und aus der Gruppe der Schriftgelehrten tönt der Satz, der für alle Zeit als Exempel und Maßstab politischer Heuchelei dienen kann: *Wir haben keinen König als den Kaiser* (Joh 19,15). Damit schlugen sie den römischen Statthalter mit seinen eigenen Waffen. Seine Macht stand zur Disposition und er selbst unter Zugzwang. Wäre er persönlich so stark gewesen wie seine Position es tatsächlich war … aber wer unter den Mächtigen ist das schon? Er ließ der Niedertracht ihren Sieg.

Das Stück ist zweitausend Jahre alt. Die Niederschriften, die es überliefern, nicht viel jünger. Ihre Wirkungsgeschichte ist enorm. Immer noch gliedert die christliche Welt ihren Jahresablauf im Hinblick auf die Stationen von Jesu Geburt, seines kurzen Wirkens, seines Sterbens und Auferstehens, von denen die Evangelisten berichten. Seit zwei Jahrtausenden gilt es als Gottes Erzählung für die Welt. Fundament der Kirchen christlicher

Konfessionen. Nichts weiter folgt daraus als die religions- und kulturstiftende Kraft der Überlieferung. Sie kann nicht in Abrede gestellt werden.

Doch sollte ich nicht als Christin von Gottes Erzählung – Gottes Wort, wie es heißt – viel tiefer ergriffen sein und mich persönlich gemeint fühlen? Seine lebensverändernde Macht, sollte ich sie nicht spüren? Mindestens doch so stark, wie ich sie sonst manchmal beim Lesen erfahre: Marguerite Yourcenar: *Die schwarze Flamme*, Eyvind Johnson: *Träume von Rosen und Feuer*, die *Thomas-Cromwell*-Romane von Hilary Mantel, Dostojewski … – Erschütterungen von nie ganz nachlassender Gewalt über mein Leben. Eine Empfindung beim Lesen, als käme ich mit darin vor und müsse nun für immer Zeugin des qualvollen Sterbens von Urbain Grainier, des Arztes Zenon oder der Hinrichtung von Thomas Cromwell sein.

Ist Lesen oder Gelesenem Zuhören nicht immer auch ein Akt der Selbstfindung? Entsteht nicht dadurch die Verbindlichkeit der Erzählung, ohne die sie als Lektüre nicht funktioniert? Jeder Lektor, jeder Verleger, jeder Redakteur fragt jeden Autor und jede Autorin danach: Wo ist die Figur der Geschichte, mit der ich fühle und erlebe, um die ich Angst habe, deren Hoffnungen ich teile? Kann Gott es anders gemeint haben? Müssen die Autoren der Bibel etwa nicht diesen Test bestehen? Und ist Identifikation bei diesem speziellen Buch etwas anderes als Glaube? Oder umgekehrt: Glaube Identifikation? Wenn nicht – wieso bin ich Christin? Wo in diesem Buch, dieser Sammlung von Büchern, deren Einzigartigkeit von mir nicht bezweifelt wird, geht es um mehr als die Heilige Schrift, von deren geistlicher Autorität die meisten meiner Zeitgenossen unbeeindruckt sind, ob sie einer christlichen Konfession angehören oder nicht? Kann es denn um mehr gehen? Ich weiß, dass die Bibel Welt und Geschichte verändert hat. Aber ich bin nicht sicher, ob sie mich verändert,

sagen wir es ruhig so: zum Glauben verleitet hat. Wo in der Got-
teserzählung (und ich beschränke mich hier auf die Evangelien)
fühle ich mich mitgemeint?

Ich wäre nie eine Jüngerin gewesen. Käme mir nicht in den
Sinn. Immer schien mir da von Menschen die Rede zu sein, die
mir sehr fremd blieben. Sie verließen ihre Familien, ihre Be-
rufe und Wohnungen, scherten aus ihrem sozialen Gefüge aus,
tauschten ihr sesshaftes Leben ein gegen ein nichtsesshaftes,
lebten von der Hand in den Mund, erbettelten sich ihren Un-
terhalt. Ich gestehe, dass mir das alles ziemlich zuwider ist. Die
schrankenlose Verehrung, mit der sie ihrem Idol folgten, noch
viel mehr. Einem Heiler. Nie, bis heute nicht, konnte er sich dem
Verdacht ganz entziehen, ein Scharlatan zu sein. Hoffnungsträger
für die Kranken, die sich keinen besseren Arzt leisten konnten.
Charismatischer Redner, der Sinnsucherinnen und Sinnsucher
um sich scharte. Exakt diejenigen, von denen ich mich heute
fernzuhalten trachte. Vor allem da, wo sie einem Heilsbringer
hinterherlaufen. Mir ist eine entschiedene Skepsis dagegen ei-
gen, dass mein Heil im Hinterherlaufen liegen kann, auch wenn
der Überbringer der Heilsbotschaft ein Charismatiker sein sollte.
Gerade dann.

Wenn aber die Botschaft selber bezwingend ist? Vieles deutet
darauf hin, dass sie es für die Zuhörer war. An jenem Berg in Ga-
liläa – hätte ich geahnt, dass ich gerade einer der berühmtesten
Reden der Weltgeschichte lausche? Berühmter als die berühmte
Rede von Martin Luther King, die ohne sie gar nicht möglich gewesen wäre? Hätte die Bergpredigt mein Leben verändert? Wäre
ich in die Knie gegangen?

Ich lese den Text im Matthäusevangelium. Er ist mir so bekannt, dass ich manches überfliege. Nichts Neues für mich. Ich
fürchte, er ist überpredigt. Theologisch ausgeschöpft. Und vermute, dass ich mich irren muss. Ja, ich hoffe es.

Außerdem wird mir bewusst, dass ich medial derart verbildet bin, dass ich zum Text eine leise an- und abschwellende Hintergrundmusik vermisse, welche mir sagt, dass hier bedeutsames, bekanntes Weltreligiöses verhandelt wird und eine zweitausend Jahre währende Gegenwart ihre Flügel schwingt. Beliebtes filmisches Stilmittel, um Emotion zu erzeugen, wo der szenische Inhalt allein es nicht schafft. Ich lese den Text noch einmal, und jetzt wundere ich mich. Natürlich ist mir bewusst, dass es sich um eine Kompilation handelt, Worte und Inhalte aus den Ansprachen Jesu, die kursierten und wahrscheinlich in früheren Niederschriften aufgezeichnet worden waren, bevor Matthäus sie in sein Evangelium einarbeitete und damit eine Art von Jesuanischer Lehre schuf, ein kurzes Kompendium seiner Theologie, unsystematisch und bruchstückhaft. Ich muss mir also nicht vorstellen, dass es sich um eine in dieser Form und am besagten Ort gehaltene, einzige Predigt handelte, die sich, wie meine Bibel, die überarbeitete Lutherübersetzung von 1984, es mir darbietet, in die Themen »Seligpreisungen«, »Jesu Stellung zum Gesetz« mit den Unterthemen »Töten«, »Ehebrechen«, »Schwören«, »Feindesliebe«, »Almosengeben«, »Beten«, »Fasten«, »Schätze Sammeln und Sorgen« und einige mehr gliederte. Nicht alles unbedingt die Themen, die mich umtreiben.

Wie jeder Mensch, der schon mal einen Gottesdienst besucht hat, weiß ich, wie ermüdend Predigten sein können. Ich denke gewöhnlich solange an etwas anderes und bin froh, wenn sie zu Ende sind. Doch es gibt Ausnahmen. Wenige Male im Leben, immer lagen Jahre dazwischen, geschah es mir, dass ich die jeweilige Kirche als ein veränderter Mensch verließ, weil ich eine Predigt gehört hatte, die diese menschenverändernde Kraft besaß. Ich kann mich an die Inhalte gar nicht erinnern, dabei liegt das letzte Mal erst Monate zurück. Ich war mürrisch und schlecht gelaunt, weil es mir nicht passte, dass ich im Gottesdienst Mundschutz tragen und nicht singen dürfen sollte. Ich ließ meine Maske weg, hielt meinen Mund fest geschlossen und nahm mir vor, weder durch Gebet noch Gesang zur Verbreitung von Aerosolen beizutragen und im Übrigen das Ende der Pandemie abzuwarten, bis ich wieder einen Gottesdienst besuchen würde, was ich nicht durchgehalten habe. Die Pandemie hat gewonnen.

Doch da stieg dieser junge Mann auf die Kanzel, ein Vikar, der nur vertretungsweise den Gottesdienst hielt, und es war, als ob er zu mir persönlich spräche. Nach wenigen Sätzen gab ich meine Bockigkeit auf und hörte ihm einfach zu. Wenn ich mich richtig erinnere, sprach er unter anderem darüber, wie schwierig es für ihn sein könne, in seinem Umfeld eines jungen Mannes sich als Theologe zu outen, und welch spezielles Befremden er damit errege, welchen speziellen Mut er brauche, um seine Rolle zu finden ... Es war nichts Großartiges an dem, was er sagte, nichts Überkluges, nichts mein Weltbild Veränderndes oder meinen Glauben Förderndes. Es war einfach so: Auf Facebook würden sie *made my day* schreiben. Falls Sie wissen, was ich meine.

Und ohne dies jetzt überzustrapazieren und einen unpassenden Vergleich zu ziehen: Vielleicht empfanden die Leute, die Jesus gehört hatten, ähnlich, wenn sie auf dem Heimweg waren und das Gehörte in ihnen nachklang: *Made my day ...* und möglicherweise auch sehr viel mehr: *Will make the rest of my life ...* Und sie fühlten, dass sie Andere geworden waren als die, die am Morgen aufgestanden waren mit der Last ihrer Sorgen, der schlechten Laune, dem Überdruss an ihrem Alltag, den drückenden Pflichten – *Seht die Vögel unter dem Himmel an*, hatte Einer zu ihnen gesagt, *sie säen nicht, sie ernten nicht, sie sammeln nicht in die Scheunen; und euer himmlischer Vater ernährt sie doch. Seid ihr denn nicht viel mehr als sie?* (Mt 6,26)

Und vielleicht geschah damals, was Martin Luther von einer Predigt erwartete, nämlich dass sie die Menschen, die ihr zuhören, verwandelt. Doch indem er die Predigt ins Zentrum des Gottesdienstes stellte, hatte er wohl die Mehrheit seiner Amtsbrüder überschätzt. Und vielleicht auch die Meisten ihrer Zuhörer, die nicht Selbstverwandlung, sondern Selbstbestätigung wollen. Die sakramentale Wandlung im Zentrum der katholischen Messe scheint einfach besser zu funktionieren.

Es muss ein Hunger da sein bei den Zuhörern. Eine Sehnsucht nach Ungesagtem, Unerhörtem. Eine Not. Ein Verlangen. Ein ungestilltes Bedürfnis nach erlösenden Worten. Befreiung von Zwängen. Wahrhaftigkeit. Sollte man aus dem überlieferten Gesagten nicht Rückschlüsse ziehen können auf die Not und das Verlangen der Zuhörer? Sollte man sich nicht dazustellen können, nur ganz am Rand und inkognito? Verraten Sie es niemandem, ich bin aus der Zukunft. Man glaubt noch immer an ihn. Naja, es werden weniger …

Können Sie nicht mal still sein? Er spricht ja von uns!

Selig sind, die da Leid tragen, sagt er gerade; *denn sie sollen getröstet werden.* (Mt 5,3)

Was ist das für ein Ton? Ist das etwa eine Predigt? Religiöse Unterweisung in all ihrer Langweiligkeit? Du – und du – und du – ihr werdet getröstet. Und wer ist unter euch, der ein Leid trägt? Ihr alle? Dann seid ihr gemeint.

Selig sind, die da hungert und dürstet nach der Gerechtigkeit; denn sie sollen satt werden. (Mt 5,6)

Gerechtigkeit, flüstert einer dem anderen zu. Er meint mich.

Und mich. Und mich.

Selig sind, die um der Gerechtigkeit willen verfolgt werden. (Mt 5,10)

Nein, mich. Und mich. Er hat mich gemeint.

Denn ihrer ist das Himmelreich.

Das Himmelreich, flüstern sie mit geschlossenen Augen.

Ein Redner und seine Zuhörer, denke ich. Hier haben sie sich getroffen. Das Wunder der Verwandlung durch Worte – hier ist es vollbracht. Er spricht zu den Machtlosen, den Unbedeutenden, denen, die nicht daran gewöhnt sind, dass sie gemeint sind. Und er meint sie!

Ihr seid das Salz der Erde, höre ich ihn sagen. *Ihr seid das Licht der Welt.* (Mt 5,13 f.) Tretet in Erscheinung! Verbergt euch nicht länger! Ihr habt doch allen Anlass, selbstbewusst zu sein! Vielleicht meint er es so.

Wir?, denken seine Zuhörer. Sind wir nicht normale Leute? Diejenigen, die man das Volk nennt? Spricht hier ein Populist, der ihnen bestätigt, was sie schon immer gedacht haben? Empfiehlt er ihnen, die alten Autoritäten zum Teufel zu jagen, denen sie schon lange misstrauen?

Jetzt sind alle hellwach. Wacher war das Publikum selten bei einer Rede. Auch die Gedankenpolizei, die ihre Spione wie immer bei solchen Anlässen darunter hat. Sieh da! Ein Aufwiegler! Was plant er? Einen Aufstand gegen die römische Besatzungsmacht, die das Gewaltmonopol innehat? Die Gründung einer neuen Sekte, die die Autorität der Pharisäer und Schriftgelehrten infrage stellt, die das Monopol auf Moral und Gewissen in Besitz haben? Es ist erstaunlich, wie gut dieser Redner, ein immerhin recht junger Mann, seine Zuhörer kennt. Jetzt setzt er seine Pointen, und er tut das gekonnt.

Eine rhetorische Meisterleistung ist das. Keine gelungene Rede ohne Überraschung. Wer das Erwartbare sagt, hat schon verloren und setzt das vor sich Hindämmern frei, den üblichen Geisteszustand einer Zuhörerschaft. Da geht ein Ruck durch die Menge (es können zehn oder zweihundert gewesen sein; wir wissen es nicht): Was hat er gesagt?? Wenn eure moralische Haltung nicht die der Berufsfrommen übertrifft (wenn ihr nicht

besser seid als die Autoritäten), *so werdet ihr nicht in das Him-*
melreich kommen. (Mt 5, 20)

Sie sagen euch, *ihr sollt nicht töten,* fährt er ungerührt fort. *Ich*
aber sage euch: Wer mit seinem Bruder zürnt, ihn beschimpft, lächerlich macht, *der ist des höllischen Feuers schuldig.* (Mt 5,22)

Ich aber sage euch. Das ist das berühmte, wiederholt verwen-
dete Stilmittel der Bergpredigt. Große rhetorische Geste. Große Anmaßung. Ein entschlossener Frontalangriff auf Traditio-
nen, die seinen jüdischen Zuhörern heilig waren. Die Frommen
unter ihnen zuckten zusammen und glaubten sich verhört zu
haben. Was will er? Will er die alten Autoritäten durch eine
Jugendkultur ersetzen? Man kennt das. Kannte es zu aller Zeit.
Das rücksichtslose Hinwegsetzen über die Alten. Ankündigung
einer neuen Ära. Man darf nicht vergessen, wie jung er war und
wahrscheinlich auch aussah. Vielleicht sogar etwas schmächtig?
Dünn? Ausgezehrt von dem Leben aus der Hand in den Mund,
der unsteten Wanderschaft? Kalte Nächte, heiße Tage. Unwill-
kommen auch manchmal an manchem Ort.

Ihr habt gehört, dass gesagt ist: Du sollst nicht ehebrechen.
Ich aber sage euch: Wer eine Frau ansieht, sie zu begehren …
(Mt 5,27 f.) Das ist stark! So spricht keiner, der einen Himmel
der Permissivität verkündet. Er meint es ernst. Das große alte
Erfolgsrezept eines Redners oder Predigers: ernstmeinen, was
man sagt. Aber dahinter scheint noch etwas anderes auf: eine
Polemik gegen die Heuchelei.

Die Heuchelei ist unsterblich. Sie schafft sich ein juste Milieu.
Sollte das zur Zeit Jesu anders gewesen sein? Wer zum juste Milieu gehört, weiß immer genau, was man tut und was man sagen
darf, will man dazugehören. Das juste Milieu ist ein Königreich
der Symbole. Wer ihre Bedeutung nicht kennt, ist sehr bald raus.
Viele verletzen die Regeln aus reiner Unkenntnis. Doch das wird
vom juste Milieu niemals verziehen. Es gesteht keine mildern-

den Umstände zu. Das juste Milieu ist ein Reich der Wissenden. Es ist ein heimliches Reich. Niemand würde es dir sagen, dass du dazugehörst, niemand dir zuflüstern: »Du bist jetzt eine von uns.« Doch solltest du nicht dazugehören, wirst du es ganz sicher wissen. Du wirst spüren, dass Dinge geschehen, die dich nicht mitmeinen, obwohl du denkst, von ihnen betroffen zu sein. Jemand kennt jemanden. Niemand hat dich als Vermittlerin dazu gebraucht. Gespräche brechen ab, wenn du hinzukommst, oder enden in fremden Bezügen. Dieses subtile nicht eingeladen Sein. Verstehe es: Das juste Milieu ist das Reich der Guten. Sie sind es nämlich auch, die wissen, was das ist, Gutsein.

Im juste Milieu ist jede Polemik verfemt. Eine verzögerte Zustimmung, ein kleines Lächeln, eine Nichtantwort sind schon zu viel. Das Einvernehmen im juste Milieu ist vollkommen.

Das juste Milieu kennt keine Leidenschaft außer in der Empörung. Dann will es, dass du dich mitempörst. Unter Androhung der Höchststrafe verlangt es ein Zeichen.

Die Höchststrafe im juste Milieu ist der Ausschluss. Nimm es ernst. Unter gewissen Bedingungen kann er tödlich sein.

Das juste Milieu zur Zeit Jesu war der Einflussbereich der Pharisäer und Schriftgelehrten. Ich stelle mir darunter eifernde alte Männer vor, die immer recht hatten, moralisch, politisch und religiös. Eine Mischung aus Kardinal Marx und Karl Lauterbach. Ein Klischeebild, mehr habe ich nicht davon. In den Schriften der frühen Christen kommen sie nicht gut weg. Es wird ihr Schicksal sein, als Prototypen der Heuchelei in die Überlieferung einzugehen. Selbst ein Getränk heißt nach ihnen. Es sieht nach Kaffee mit Schlagsahne aus, darunter aber verbirgt sich ein ordentlicher Schuss Rum. Warum auch nicht?

Sie hatten eine gewaltige Autorität hinter sich stehen: die Gesetze der Tora, Ausdruck des göttlichen Willens und unhinterfragbar. Es war nicht ratsam, es sich mit ihnen zu verscherzen.

Sie waren intelligent, selbstbewusst und erfolgsgewohnt, wie Meinungseliten es zu allen Zeiten sind. Und was tut der junge Redner, der in ihren Augen viel zu viele Zuhörer um sich schart?

Er verfällt darauf, die *geistlich Armen* zu preisen, wen immer er meint, jedenfalls nicht diejenigen, die zur Elite aufschließen und im Mittelpunkt des Interesses stehen. Die Stummen, meint er, die Sprachlosen, die nicht einmal genau wissen, ob sie eine Meinung haben, geschweige denn Worte, um sie auszudrücken.

Und die Leid Tragenden. Meint er die seelisch Bedrückten, die Depressiven, die notorisch Glück- und Erfolglosen, die Einsamen, die Übersehbaren? Gut möglich, dass sie die Angesprochenen sind und es fühlen. Er preist sie selig.

Wie auch die Sanftmütigen, Friedfertigen. Meint er die, die immer beiseite stehen, die nicht in den Vordergrund drängen? Die immer erst den Mund aufmachen, wenn es zu spät ist und das Thema bereits durch? Sie werden das Erdreich besitzen. Wie kann das sein?

Und die Rechtlosen, die ewigen Verlierer, die Übervorteilten, die keinen Anwalt haben, der für sie eintritt. Die tief Verbitterten, die die Hoffnung aufgegeben haben, dass ihre Interessen zählen. Haben sie sich verhört? Ihnen soll Gerechtigkeit widerfahren!

Und denen, die reinen Herzens sind. Meint er die nicht Überschlauen, die keine Taktierer und Ränkeschmiede sind? Weiß er, wie es sich anfühlt, wenn man blamiert dasteht, weil man wieder geradeheraus gesprochen hat, statt nach einer eleganten Drumherumrede zu suchen?

Aber das Beste kommt noch: *Selig sind, die um der Gerechtigkeit willen verfolgt werden.* Gibt es nicht solche nur in einem Unrechtsregime? Der junge Mann spricht zu Menschen, die wissen, was das ist: Justizopfer, unschuldig Verurteilte, Menschen, die in Angst vor denen leben, in deren Händen die Macht liegt.

Der junge Mann wird bald selbst ein unschuldig Verfolgter sein. Weiß er es? Weiß er es noch nicht? Das Himmelreich wird den Opfern staatlicher Gewalt gehören. Das weiß er. Davon kündet er.

Wer so etwas weiß, spricht mit eigentümlicher Vollmacht. Seine Zuhörer spüren das. Und die Pharisäer unter seinen Zuhörern spüren es auch. Sie lauern. Sie lauern darauf, dass er sich ins Unrecht setzt. Er wird es tun, indem er die Autoritäten, die sie verkörpern, infrage stellt.

Ihr habt gehört, dass gesagt ist: Auge um Auge, Zahn um Zahn … Das ist nun sowas von einleuchtend und gerecht. Sie erwarten, dass er jetzt fortfährt: Bringt ihn um, der euch einen Zahn ausschlägt! Das läge im Duktus der Überbietungsrhetorik seiner bisherigen Ausführungen. Sie irren sich. *Wenn dich jemand auf deine rechte Backe schlägt, dem biete die andere auch dar,* hören sie ihn sagen. *Und wenn dir jemand deinen Rock nehmen will, dem lass auch den Mantel.* (Mt 5,39 f.)

Das juste Milieu schnappt nach Luft. Es will sich empören, sucht nach Mitempörten, blickt sich im Publikum um und sieht viele Zuhörer lächeln. Etwas verändert sich, während der junge Mann redet. Die Autorität der Alten wird nicht infrage – sie wird vom Kopf auf die Füße gestellt: *Ich aber sage euch …*

Er lehrte sie mit Vollmacht und nicht wie die Schriftgelehrten, heißt es am Ende, wenn die Zuhörer nach Hause gehen.

Ich stelle mir seine Stimme vor. Ohne Verstärker. Heute gäbe es eine Tribüne für einen wie ihn. Damals vielleicht einen Felsen? Eine leichte Erhöhung, ein kleines Plateau …? Es muss eine Stimme gewesen sein, die auch bei größerer Zuhörerschaft weithin durchdrang. Vielleicht sogar auf gewisse Art betörend und einschmeichelnd … Eine Stimme mit Weltpopstarpotential? Dazu eine smarte Erscheinung … Und die Performance? Die Gestik? Erhobene Arme? Ein Gewand, das der Wind bewegte?

Ich verstehe sehr gut, dass Andrew Lloyd Webber den Popstar in ihm gesehen hat. Musste zuerst das Rockmusikzeitalter anbrechen, bevor das möglich wurde? Unvorstellbar nämlich Jesus als Opernheld. Verdi? Puccini? Geht gar nicht!

Ich frage nach seinem Geheimnis. Jeder Star hat ein Geheimnis. Jeder Charismatiker. Wenn die Menschen nach Hause gingen, die ihn erlebt hatten, worüber dachten sie nach? Was wirkte in ihnen weiter? Welches Denken hatte er in ihnen geweckt? Und wie fühlten sie sich, wenn sie an ihn dachten?

Verstanden? Vielleicht fühlten sie sich verstanden.

Hoffnungsvoll? Vielleicht hatte er das geweckt in ihnen. Hoffnungen.

Gestärkt? Vielleicht war es so, dass sie sich gestärkt fühlten. Dem Leben, das sie führten, besser gewachsen. Vielleicht lag da das Geheimnis seiner Krankenheilungserfolge.

Doch was geht das mich an? Die Faszination eines charismatischen Mannes aus einer versunkenen Welt und versunkenen Zeit, so überwältigend er immer sein mochte? Caesar hatte Charisma. Alexander der Große … Zu ihrer Zeit wäre der Vergleich mit einem jüdischen Wanderprediger lachhaft gewesen. Er ist es auch heute. Allerdings zu ihren Ungunsten. Etwas von seinem Wirken ist, da, wo es Christen gibt, immer noch Gegenwart, während sie und all die anderen Großen Geschichte sind.

Doch das gründet nicht in seinen charismatischen Reden und beeindruckenden Auftritten. Wir wüssten nichts von ihnen, wenn das Geschehen um diesen Mann nicht vier verschiedene Autoren dazu inspiriert hätte, die Geschichte seines Sterbens niederzuschreiben und damit in vier Fassungen eine Erzählung zu schaffen, die Gottes Handeln an der Welt und der Welt Handeln an Gott umfasst. Eine Erzählung, die ihren Protagonisten in den Raum zwischen Himmel und Erde hebt, den Ort, an dem sie sich zuträgt und den sie wahrhaft auslotet und für alle Zeiten mit einem Kreuz zeichnet.

Alle Erzählungen handeln vom Leben und Sterben. Doch diese übertrifft sie alle. Sie enthält von allem ein Äußerstes: Hohes und Tiefes ... Verworfenes und Heiliges ... Lüge, Heuchelei und Wahrhaftigkeit ... höchste Würde und Niedertracht ... Qual, Schmerz und Erlösung ... Es ist das große Narrativ von der Geschichte, die Gott mit den Menschen hat. Sie enthält die Offenbarung, dass er darin selbst mitspielt. Und nicht nur mitspielt, sondern auch mitleidet. Es ist das größte Narrativ der Welt.

Solange Menschen einander Geschichten erzählen, wird diese Geschichte erzählt werden. Es ist unmöglich, dass sie einst vergessen sein wird.

Warum? Sie ist zu gut.

Wenn es wahr ist, dass die Menschheit einen Schatz an Geschichten besitzt, in denen Anfang und Ende, ihr Sein, ihr Schicksal und Wesen, die *conditio humana* beschlossen ist, Schöpfungsgeschichten, Göttersagen und Mythen aller Kulturen, dann führt diese die Liste an: die Geschichte vom Leiden und Sterben des Gottessohnes, die mit dem Erleben jener Menschen endet, die ihn als Auferstandenen erfahren haben. Durch dieses Ende ist sie als *neverending* markiert, fort- und fort- und fortwirkend durch Räume und Zeiten.

Sie ist größer als die Kirchen, die sich auf sie gründen und als deren Besitz sie erscheint. Als Narrativ ist sie Menschheitsbesitz und lebt, indem sie erzählt wird, innerhalb der Kirchen wie außerhalb. Sollten die Kirchen wie alles, was in der Zeit existiert, untergehen und mit ihnen der Anspruch auf das, was sie »Verkündigung« nennen, bleibt die Erzählung vom Gottessohn, der willkommen und nicht willkommen bei den Menschen war, in ihrer Leuchtkraft und tiefen Düsternis bestehen. Wie jede große Erzählung schöpft sie alles aus, was zwischen Gott und Menschen, Himmel und Erde ist (mehr als sich unsere Philosophie träumen lässt), und behält doch all ihre Geheimnisse für sich. Am Ende steht ein Abschied. Wohin geht er? Ein Versprechen. Wann kommt er zurück? Ein Auftrag, der genau das betrifft: Erzählt dies weiter …

Wie kann es sein, dass ich so lange gebraucht habe, bis ich mich von der Erzählung gefangennehmen ließ? Ihre Spannung, ihre Tiefe, ihr Erschütterungspotential empfand? Es hängt wohl damit zusammen, dass sie mir im Modus der Verkündigung dargeboten wurde und nicht der Erzählung. Vielleicht auch zu früh in meiner Kindheit. Vielleicht auch mit einem gewissen missionarischen Overkill. Oder, im Gegenteil, schonungsvoll, mit Rücksicht auf mein kindliches Gemüt eine entschärfte, bereinigte Version davon. Ich erinnere mich nicht daran, wann und wie sie mir das erste Mal begegnete. Der Herr Jesus aufs Brutalste misshandelt und an ein Holzkreuz genagelt. Wenn sie das mit meiner Katze gemacht hätten. Niemand wies mich auf das Entsetzliche daran hin. Ich glaube nicht, dass ich traumatisiert wurde. Irgendwie vermieden sie das. Keine Ahnung, wie. Auch nicht, wie sie es heute im evangelischen Kindergarten halten. Ich muss in der Gott-hat-dich-lieb-Bibel nachsehen, wie sie es dort darstellen. Schließlich leben wir in Zeiten, in denen an gewissen amerikanischen Hochschulen Theologiestudierende einen Anspruch darauf haben, vor den Zumutungen der Passionsgeschichte geschützt zu werden. (Ich bitte um Nachsicht, wenn ich hier der Verbreitung eines absurden Gerüchts Vorschub leiste.) Das Kind, das ich war, hat jedenfalls noch lange geglaubt, dass eine Geißelung, um das alte Wort für diese brutale Misshandlungstechnik zu gebrauchen, eine relativ harmlose Sache sei, unschön, aber erträglich und irgendwie heilig.

Erschüttert wurde ich nicht dadurch. Oder in Spannung versetzt. Auch nicht bei einem ersten Mal, das es gegeben haben muss. Der Ausgang der Geschichte war immer schon zu bekannt. Mit der Auferstehung gab es eine Art Happyend, und überhaupt wies das Ganze in die Richtung Heiligkeit, Frömmigkeit, mit allem, was damit zusammenhing: der Scheu, darüber zu reden und Fragen zu stellen, dem Gefühl des Arkanum, eines Bezirks, den zu betreten ich nicht würdig war.

Und ich hatte ja recht. Zwar ist es eine Erzählung, die Spannung besitzt, Konflikt, Charaktere, die in ihren Bann ziehen, wahlweise ein Drama mit enormer Fallhöhe – doch ist es auch Evangelium, »Frohe Botschaft«, eine Gattung ganz eigener Art. Und hier ist er, der Bereich des Geheimnisses, Gottes eigener Bezirk, den mit Schuhen zu betreten Mose nicht erlaubt war. (2 Mo 3,5: ... *zieh deine Schuhe von deinen Füßen; denn der Ort, darauf du stehst, ist heiliges Land!*)

So ziehe ich mir denn symbolisch die Schuhe aus und betrete vorsichtig den Bezirk, in dem die Geschichte mehr als Erzählung, in dem sie Heilsbotschaft wird. Als Erstem begegne ich dort einem römischen Hauptmann, einem Centurio. Unter seinem Befehl fand die Kreuzigung dreier Männer statt. Es war gewiss nicht die erste Hinrichtung dieser Art, die er befehligte. Das qualvolle Sterben der Gekreuzigten gehörte zu seinem Berufsalltag. Die Frage nach ihrer Schuld und der Gerechtigkeit des Todesurteils musste ihn nicht interessieren. Er war mit seinen Männern für die Durchführung zuständig. Es besteht jedoch kein Grund zu der Annahme, dass das Todesentsetzen, das Schreien und Flehen der Verurteilten, Schwerverbrecher in der Regel, nicht seine Nerven und Psyche belasteten und ihn bis in seine Träume verfolgten. Offenbar gehörte es zu seinen Obliegenheiten zu bleiben, bis die Gekreuzigten gestorben waren. Im Fall von Jesus dauerte das sechs Stunden. *Und sie saßen da und bewachten ihn* (Mt 27,36). Vielleicht, ja wahrscheinlich waren er und seine Soldaten diejenigen, die den Todeskampf Jesu aus nächster Nähe beobachteten. Der Evangelist Markus, dem wir das älteste der Evangelien verdanken, das etwa vierzig Jahre nach dem Geschehen entstand, erwähnt zwar auch die Anwesenheit von Frauen aus dem Umfeld Jesu. Doch sie schauten von ferne zu (Vers 40). Über ihre Verfassung kann nur spekuliert werden. Vielleicht hatten die Soldaten dafür gesorgt, dass sie den Kreuzen nicht näher kommen konnten. Die Vollstreckung einer Todesstrafe ist ein hoheitlicher Akt, bei dem nach Möglichkeit keine ›Szenen‹ riskiert werden.

Da stand der Hauptmann. Er stand ihm direkt gegenüber, dem sterbenden Jesus (Mk 16,39). Er sah in sein Gesicht, hörte ihn schreien, verstand wahrscheinlich die Worte nicht, die der Sterbende in seiner Sprache laut rief und die die tiefste menschliche Verzweiflung der Welt beinhalteten: *Mein Gott, mein Gott, warum hast du mich verlassen?* (Mk 16,34) Und dann, eine unbestimmt kurze oder ewig lange Zeit später, in der die letzte Phase des Todeskampfes stattfand, während er von seinem Logenplatz aus zusah, fand der Hauptmann die Worte, die sein Text waren, den einen kurzen Satz, den er in diesem Menschheitsepos spricht, das seit zweitausend Jahren die Welt verändert hat: *Wahrlich, dieser Mensch ist Gottes Sohn gewesen!* (Mk 16,39, vgl. Mt 27,54)

Wie kam er darauf? Dieser zufällig gerade Dienst tuende Centurio? Markus hat sich das offensichtlich auch gefragt und rasch ein Beglaubigungselement eingefügt: In diesem Moment riss der Vorhang im Tempel in zwei Stücke. Die anderen Evangelisten lassen sich die Vorlage nicht entgehen und fügen ein Erdbeben hinzu, sich auftuende Gräber verstorbener Heiliger, die ihnen entsteigen (Matthäus), sowie eine Sonnenfinsternis (Lk 23,44), die mit heutigem kosmologischen Wissen leicht widerlegt werden kann. Seien wir großzügig. Gönnen wir den Autoren ihre Stilmittel. Was hier geschehen ist, ist jedoch auch ohne kosmische Begleitmusik unerhört.

Was hat der römische Hauptmann erkannt? Was wollte er sagen? Oder textkritisch, wie wir nun einmal sind: Was wollte der Evangelist sagen, als er ihn das sagen ließ? Dass hier ein Unschuldiger gekreuzigt worden war? Mit an Sicherheit grenzender Wahrscheinlichkeit war es wohl so, dass der Centurio das nicht zum ersten Mal erlebte. Und musste er in diesem Fall so übertreiben? Muss jeder, der eines Verbrechens nicht schuldig ist, gleich in den Himmel aufsteigen? Oder wollte Markus ihn sagen lassen, dass Jesus seinen Foltertod mit dem Gleichmut eines klassischen Helden erlitt, wie man es schließlich von einem Göttersohn erwartet? Offensichtlich war das nicht der Fall. Auch Matthäus und Lukas stellen es nicht so dar. Sie lassen keinen Zweifel daran, dass Jesus in seiner Qual schrie und sich von Gott verlassen glaubte.

In keinem Augenblick seines Wirkens entsprach er dem Bild eines Helden, der mit Körper- oder Geisteskraft gegen übermächtige Feinde obsiegt. In keinem Augenblick erwarten wir, dass er durch List, gepaart mit glückhaften Umständen und der rechtzeitig eintreffenden Hilfe von Bundesgenossen gerettet wird. Sein Gott ist kein Deus ex Machina. Er tut nichts, um ihm aus der Bedrängnis zu helfen oder ihn mit einer Kraft auszustatten, wie Helden und Göttersöhne sie besitzen, die sich vermittels ihrer Ausnahmebegabung befreien. Hat Jesus nicht genug getan, um damit rechnen zu können, dass die, denen er geholfen hat, Kranke, Blinde, Gelähmte, ja Tote, die er zum Leben erweckt hat, sich im richtigen Moment zu einer Schar von Helfern vereinigen und ihn aus den Händen seiner Verfolger befreien, tapfer und listig aus Dankbarkeit? Wo sind die, die er gespeist und bewirtet hat? Wo sind die, denen er neuen Lebensmut eingeflößt, deren Quälgeister er vertrieben und deren Depressionen er von ihnen genommen hat? Sollten sie jetzt nicht, frisch gestärkt infolge der Hilfe, die ihnen zuteil geworden ist, zur Stelle sein?

In jeder stimmigen Erzählung, die uns anspricht, ist das so. Wer sät, darf ernten. Wer gegeben hat, empfängt. Was stimmt in diesen Evangelien nicht? Wieso fehlt da ein Zug von Menschen, die vor den Amtssitz des Pilatus ziehen und Jesus aus den Händen seiner Feinde befreien? Es wenigstens versuchen? Stattdessen sind plötzlich Andere zur Stelle und rufen: *Kreuzige ihn!* Was ist das für ein seltsames Narrativ, das mit unseren durch Filme gelenkten Sehgewohnheiten bricht, unserem angelesenen Sinn für die Schlüssigkeit einer Erzählung und dem Gerechtigkeitssinn, von dem wir gern glauben, dass er uns eingeboren ist?

»Der Held aus Juda siegt mit Macht« – das wäre der Satz, auf den wir warten. Doch wir hören ihn erst in Bachs Johannespassion, wo er sich auf das letzte Wort Jesu im Evangelium des Johannes reimt: *Es ist vollbracht.* Und da ist er, der Gottessohn, der den Auftrag seines Vaters erfüllt hat und sich dessen bewusst ist. Er verhält sich dem überlieferten Drehbuch gemäß, in dem seit den alten Zeiten des Judentums seine Rolle verzeichnet ist, bis zuletzt voller Würde und ohne Geschrei.

Danach, als Jesus wusste, dass schon alles vollbracht war, spricht er, damit die Schrift erfüllt würde: »Mich dürstet« (Joh 19,28), und am Ende neigte er das Haupt und verschied (Vers 30).

Es ist das klassische innere Kruzifix, das wir mit uns herumtragen: Jesus spricht noch ein paar besonnene Worte, trifft Regelungen für das Nachleben derer, die ihm besonders nahestehen, seine Mutter und seinen Lieblingsjünger, bis zum Schluss voller Sorge und Empathie, zeigt keine Anzeichen von Sterbestress, neigt sein Haupt und verscheidet … So stirbt ein Gottessohn.

Ich blicke mich nach dem Hauptmann um, der im Johannesevangelium gar nicht vorkommt. Trotzdem ist er da. Einer musste es tun, was hier zu tun war. Er und seine Männer machen nur ihren Job. Sie kennen sich aus, setzen die Nägel an den vorgesehenen Stellen der Handgelenke und den übereinander gedrückten Mittelfüßen an. Er beaufsichtigt nur. Sie schlagen fest zu. Alles andere wäre Stümperei. Der kritische Moment kommt, wenn sie die zunächst am Boden liegende Konstruktion aus Stamm, Mensch und Querbalken aufrichten. Da zeigt sich, ob gut vorgearbeitet worden ist. Die Männer sind hoch konzentriert dabei, und das Schreien und Stöhnen der Todgeweihten bringt sie nicht aus der Ruhe. Ein Teil von ihnen ist natürlich den Ordnungskräften zugeteilt. Der Centurio weiß nicht, wer lästiger ist, die Anhängerschaft der Verurteilten, ihre Spießgesellen, ihre Familien, oder die zahlreichen Gaffer, die sich zu jeder Hinrichtung einfinden. Unruheherde vermutet er immer bei beiden, doch beide sind ja als Zeugen der Qualen der Sterbenden hoch erwünscht. Denn Hinrichtungen durch Kreuzigung dienen der Abschreckung. Es ist ein Kommen und Gehen im Publikum. Kaum jemand von denen, die das Nageln erlebt haben, bleibt bis zum Schluss. Die Menschen zerstreuen sich, spazieren, entfernen sich ein Stück und kommen wieder zurück. Manche, die nicht zu weit weg wohnen, gehen auch nach Hause, ruhen etwas, nehmen Erfrischungen zu sich und kommen später wieder. Man ruft einander auf dem Weg zu, wie es steht. Alle drei leben noch!

Doch über allem ist da ein großes Stöhnen in der Luft. Es schwillt an und ab und schwillt wieder an, manchmal unterbrochen durch Schreie. Doch das Stöhnen ist überall. Es dringt in die Höfe und Gassen der Stadt. Man entkommt ihm nicht, soweit man sich auch von der Hinrichtungsstelle entfernt, und selbst da, wo man es nur noch leise hört, nicht viel mehr als erahnt, scheint die Botschaft von Qual und Tod nur umso deutlicher in den Himmel über der Stadt aufzusteigen, und die Gespräche der Menschen, die Rufe der Kinder und Händler, die ihre Waren am Straßenrand anbieten, alles verstummt und wartet auf die Stille, die danach einsetzt und anzeigt, dass es vorbei ist für dieses Mal.

Der Hauptmann teilt seine Leute ein. Ein paar Männer müssen bleiben, bis auch die beiden anderen Gekreuzigten tot sind. Sie haben es noch nicht hinter sich.

Was haben Sie gemeint, möchte ich ihn fragen, als Sie gesagt haben –

Ich habe nichts gesagt, unterbricht er mich.

Dass dieser Mann Gottes Sohn war, insistiere ich.

Er hält mich für eine Gafferin. Für eine, die mit den Leuten vor dem Amtssitz des Pilatus *Kreuzige ihn!* geschrien hat und beim letzten Akt des Dramas nicht fehlen will. Ich würde ihm gern erklären, dass ich nicht zu denen gehöre. Dass ich sie verabscheue.

Doch ich bin meiner nicht sicher. Ich schaue mir Serien bei Netflix an. *Game of Thrones. Vikings.* Ich bin nicht ahnungslos, was den Impact von Leidenszurschaustellung anbelangt. Wenn Ragna Lothbrok zu Tode gemartert wird, gehe ich solange hinaus. Doch das Gemetzel im Nahkampf der Schlachten schaue ich mir bis zu Ende an, allerdings ohne Vergnügen und hoffend, dass es bald vorbei ist und die Musik mir sagt, dass das Schicksal der einen oder anderen Partei sich gerade erfüllt. Ich bin bereit, so weit mitzugehen, und weiß, dass ich freiwillig einem Spektakel beiwohne, das durch die Allgegenwart des Todes eine Gespanntheit in mir erzeugt, die Teil meiner Süchtigkeit nach dem Fortgang der Geschichte ist. Ja, ich bewundere die Kunst, mit der die Macher solcher Werke mich in einen Zustand versetzen, in dem ich ein Verlangen danach verspüre, endlich zu erfahren, auf welche Weise die Personen der Handlung zu Grunde gehen. Denn das tun sie alle und jede auf ihre Art. Sie tragen, selber ahnungslos, ihren Tod wie ein Geheimnis in sich, das sich vor meinen Augen entschlüsseln wird und mich am Ende mit einem Blick in den Abgrund ihrer Existenz belohnt. Und was immer ich da sehe, ich will es sehen.

Der Hauptmann, so denke ich, hat in den Abgrund geblickt, den Abgrund der Existenz Jesu, und ich möchte diesen Blick teilen. Ich möchte, dass er mich daran teilhaben lässt.

Der Hauptmann schweigt.

Bitte, sage ich, es ist wichtig für mich.

Wieso?, fragt der Hauptmann. Sind Sie mit ihm verwandt?

Das nicht, sage ich. Ich wüsste nur gern, wie Sie darauf gekommen sind.

Der Hauptmann ist nicht mehr jung. Ich schätze, dass er über fünfzig ist. Ich nehme an, dass seine Dienstzeit bald zu Ende ist und er nach Rom zurückdarf, wo er vielleicht eine Familie hat. Haben Legionäre Familie? Ich habe irgendwo mal gehört oder gelesen, dass sie ziemlich früh ihren Ruhestand erreichten. Ein kleines Landgut vielleicht. Eine Frau, die auf sie wartete … Wenn, ja, wenn sie ihn erreichten. Ihre vornehmliche Dienstpflicht bestand wohl in der Bereitschaft zum Einsatz ihres Lebens. Oder in dem, was dieser da gerade tat. Auch nicht schön.

Der Hauptmann sieht mich an, fremd, wie es der Abstand von zweitausend Jahren zwischen uns bedingt.

Lassen Sie mich in Ruhe!, sagt er. Das war ein langer Tag, ein schwerer Dienst heute. Können Sie sich das nicht vorstellen? Zuerst die Geißelung. Ich mache so etwas nicht selber, bin aber dafür verantwortlich, dass meine Leute die Vorschriften einhalten. Wir schlagen fest genug zu, aber nicht so, dass der Mann uns stirbt. Es muss noch Fleisch auf den Knochen sein, wenn es zur Kreuzigung geht. Ich kontrolliere die Zahl. Es sollen nicht mehr als vierzig, aber auch nicht viel weniger Schläge sein. Die Männer, die das machen, müssen sehr konzentriert arbeiten. Es kommt darauf an, nicht immer dieselbe Stelle zu treffen. Sonst ist die Hinrichtung vorbei, bevor sie begonnen hat, falls Sie verstehen, was ich meine. Dann der Weg bis zur Richtstätte. Die Leute an den Straßenrändern hoch erregt. Sie haben ihren Hass nicht im Griff. Sie werfen mit Unrat und Steinen, treten und spucken. Wir halten sie zurück. Wir schützen die Verurteilten. Sie würden die Richtstätte nicht lebend erreichen, wenn wir es nicht täten. Fragen Sie mich nicht, weshalb.

Weshalb?, frage ich.

Gott, sind Sie ahnungslos. Ohne Hass halten die Leute es nicht aus, was wir den Verurteilten antun. Der Hass hilft ihnen, es hinzunehmen. Hass und Verachtung und was weiß ich. Kann man Menschen etwa antun, was wir ihnen antun? Der Hass aber macht jedes Mitgefühl zunichte. Gibt es denn in Ihrer Welt keinen Hass?

Doch. Aber er ist verboten.

Und wie kreuzigt ihr?

Kreuzigungen sind abgeschafft. Wir halten sie für barbarisch.

Barbarisch? Das ist interessant. Soviel ich weiß, ist es nur uns Römern erlaubt zu kreuzigen und nicht den Barbaren.

Es ist grausam. Das meinen wir damit.

Ja. Es ist abschreckend.

Glauben Sie?

Aber natürlich. Wie sonst sollen wir herrschen, wenn nicht durch Angst? Oder wissen Sie etwas Besseres?

Vernunft? Gerechtigkeit? Menschlichkeit …?

Hören Sie doch auf!, sagt er. Das klingt ja so wie er.

Wie? Er hat mit Ihnen gesprochen?

Nicht direkt, sagt er. Nicht mit mir. Dabei war ich der Einzige, der alles gehört hat. Niemand war so nah bei ihm wie ich.

Und Sie konnten verstehen, was er gesagt hat?

Ich konnte es hören. Verstanden habe ich nichts. Ich kann kein Aramäisch.

Wie kommen Sie dann darauf –

Ich merke, dass er die Geduld verliert. Die Arbeit ist noch nicht getan. Zwei Männer leben noch.

Wer sind Sie überhaupt?, fragt er. Was haben Sie hier verloren?

Ich bin nicht die Einzige, sage ich. Ich bin eine von mehr als zwei Milliarden –

So viele Menschen gibt es nicht, unterbricht er mich. Im ganzen Reich leben ja nicht mehr als 70 Millionen.

Zwei Milliarden, die an ihn glauben, fahre ich fort. Zu meiner Zeit, in der Zukunft auf jeden Fall.

Das ist eine Fantasiezahl, sagt er. Und was heißt das: an ihn glauben?

Sie sagen es doch selbst: Er war Gottes Sohn.

So habe ich das nicht gemeint.

Ich sehe, dass er blass geworden ist: Sie wollen doch wohl nicht behaupten –

Doch. Es ist eine Weltreligion.

Daraus kann nichts werden. Wir haben ihn umgebracht.

Er wird auferstehen.

Bitte, sagt er. Und mit einer fast flehenden Geste: Fangen Sie nicht auch noch damit an.

Plötzlich fühle ich mich genau wie der Hauptmann: maßlos überfordert. Was tun wir hier? Ist das ein Interview? Eine Liveschaltung nach Golgatha? Das Wort zum Sonntag? Wir wagen beide nicht einmal zum Kreuz hinüberzublicken, an dem der gestorbene Jesus hängt, merkwürdig klein, grau, in sich gekrümmt, eine inhaltsleere Hülle wie jeder Gestorbene. Und wir wissen beide, dass uns nicht zu helfen ist. Es ist die Übermacht des Tödlichen, die wir fühlen. Die Ignoranz. Und sie ist bodenlos. Die Lüge. Und sie ist mehr als die Unwahrheit. Die Macht der Mächtigen. Und sie ist grausam und angemaßt. Die Feigheit. Und sie trägt Masken des Mutes, hinter denen sie sich verbirgt. Die Niedertracht des Politischen. Und sie vereinigt all diese Übel in sich und fügt ihnen den Schein aufrechter Gesinnung hinzu. Sie ist die tödlichste der Übel, Meisterin der Heuchelei, Verwirrerin der Geister, Herrin eines juste Milieu, in dem zu allen Zeiten dem Götzen Zeitgeist gehuldigt wird, der jede Verweigerung der Unterwerfung mit Ausschluss ahndet, der zuweilen tödlich sein kann. Und wir wissen beide, dass der am Kreuz Gestorbene keinen, auch nicht den geringsten Anteil an all dem gehabt hat. Nicht den geringsten.

Haben Sie das gemeint, möchte ich den Hauptmann fragen, als Sie gesagt haben, er sei wahrlich Gottes Sohn?

Was sonst?, würde er antworten und sich abwenden und mich allein lassen.

In diesem Augenblick glaube ich ihn zu verstehen. Er hat etwas unüberbietbar Außerordentliches gesehen und bezeugt: Einen Menschen hat er gesehen, an dem ein politisch motiviertes Todesurteil vollstreckt worden ist und der ohne jede Verstrickung in die interessengelenkte Logik des Vorgangs und die politischen Ränke war. Alle lavieren sie. Alle spielen sie falsch, die Pharisäer, die ihre Macht und ihren Einfluss durch Jesus infrage gestellt sehen, Pilatus, der um jeden Preis öffentliche Unruhe vermeiden will, die Jünger, die sich aus Angst um sich selbst verdrücken und Jesus verleugnen, ja, selbst die anonymen Leute auf der Straße, die ihren Einflüsterern an Verstellungskunst nicht nachstehen, wenn sie mit gespielter Entrüstung den Prokurator der Illoyalität gegen den Kaiser in Rom bezichtigen und damit unter Zugzwang setzen, und schließlich die Hohenpriester, in Wahrheit Gegner der römischen Machthaber im Land, das sie als ihres betrachteten: *Wir haben keinen König als den Kaiser* – Gipfel politischer Lügerei (Joh 19,15). In diesem Netz hat sich einer verfangen, und er verstrickt sich nicht darein, nicht einmal durch den Versuch, sich daraus zu befreien, zu dem Pilatus ihm reichlich Gelegenheit bietet. Er spielt einfach nicht mit.

Etwas Ungeheuerliches hat der Hauptmann gesehen, um nicht zu sagen Übermenschliches. Nicht die dumme Travestie des

Übermenschlichen, mit der empathielose Zeugen seiner Todes-
qual Jesus verspotteten: *Hilf dir selber, wenn du Gottes Sohn bist,
und steig herab vom Kreuz* (Mt 27,40). Auch nicht die Qualen des
Kreuzestodes sind übermenschlich. Die wurden von sehr vielen
Menschen erlitten. Und nicht der Mut, für Überzeugungen zu
sterben, die moralische Haltung, mit der man sich zum Märtyrer qualifiziert. Jesus war kein Märtyrer – ein so abwegiger wie
seltsamer Gedanke. Gottes Sohn stirbt nicht für etwas, er stirbt,
weil er Gottes Sohn ist. Nur Gottes Sohn kann den Pakt mit den
weltlichen Mächten – der Lüge, der Ignoranz, der Verwirrung,
der Heuchelei – und die Logik des juste Milieu (alttestamentlich
betrachtet: des Götzendiensts) hinter sich lassen. Anders gesagt:
Wer das kann, muss Gottes Sohn sein. Wie sonst könnte er es?

Das ist der Bereich des Arkanum, des Göttlichen, Heilsge-
schichtlichen, den ich in Gesellschaft des Hauptmanns betrete
und wo auch die Logik des Denkens die Schuhe auszieht und
sich in Tautologien weiterbewegt. Und hier stehe ich vor dem
Geheimnis des Glaubens. Hier hört Begreifen auf und Anbetung
beginnt. Tief verstrickt in Interessen, geltungsbedürftig, Liebe-
dienerin des juste Milieu, erfolgsgierig, ichversessen, süchtig
nach Lob, voller Angst um mich selbst, erblicke ich Einen – Einen! – der unverstrickt in dieses alles ist. Und ich zögere keinen
Moment, in den Ruf des Hauptmanns einzustimmen:

Wahrlich, dieser Mensch ist Gottes Sohn gewesen! Und ich
meine es.

Das war nicht immer so. Ist das eine Bekehrung, wenn man
irgendwann eine solche Erkenntnis hat? Ich hoffe doch: nein.
Mein Leben lang habe ich fest von mir geglaubt, bekehrungsre-
sistent zu sein. Ich bin auch ganz bestimmt nicht von der Jesus-
liebt-dich-Fraktion. Das soll jetzt aber zur Abgrenzung genügen.
Psalm 1, Vers 1: *Wohl dem, der nicht sitzt, wo die Spötter sitzen.*
Da will ich nicht sitzen, wenn ich sage, dass der Glaube, wie ich

ihn verstehe, nicht zum Autoaufkleber taugt. Und auch nicht dazu, uns aus dem Leid zu erretten, das uns ein Leben lang quält: nicht ausreichend geliebt zu sein.

Bevor ich in Christus den Gottessohn entdeckte, erlebte ich eine eher politische Wandlung. Und ich muss hier darauf eingehen, weil es tatsächlich so ist, dass ich da zu begreifen begann, wie sehr ein Heiland uns nottut – um dieses alte Wort einmal ganz wörtlich zu nehmen. Einer, der uns vom Geist der politischen Niedertracht heilen kann. Vom Geist der Liebedienerei und Anpassungsbereitschaft. Vom Geist des Denunziantentums. Vom Geist der Korrumpierbarkeit unseres Denkens. Vom Geist der Feigheit, die uns befällt, wenn es die zu schützen gilt, die im Meinungskampf unterlegen sind. Ein solcher Heiland. Einer, ein Einziger, der diesem Geist nicht verfallen ist. Der sich auf keinerlei Handel mit der Macht einlässt. Der mit den Zöllnern isst.

Es war eine Wandlung von der teils systemkonformen, teils einfach desinteressierten politischen Gleichgültigkeit zum Entsetzen über Entwicklungen, die ich niemals vorausgesehen hätte. Ich rieb mir die Augen und stellte im Nachhinein fest, wie privilegiert und, ja, glücklich ich über Jahrzehnte gewesen war. Und ich erkannte, dass dieses Glück darin bestand, mich nicht positionieren zu müssen, und so sehr auch mein politisches Phlegma eine Rolle gespielt haben mag, war mein Desinteresse doch nicht nur die Folge meiner Dämlichkeit, sondern auch glückhafter Umstände. Heute weiß ich, dass sie es nicht für alle waren. Mir stand jeder Bildungsweg offen, jede Berufswahl, jeder Ort, an dem mir zu leben beliebte, und ich verfolgte ungehindert, was ich für meinen Weg hielt, und widmete mich, nicht immer mit Erfolg, der Pflege meines privaten Wohlergehens. Währenddessen fand eine Studentenrevolte statt, aus der eine Bewegung mit weitreichenden gesellschaftlichen Folgen wurde, und obwohl ich im passenden Alter und Studentin war, war ich eher irritiert davon und hatte nicht daran teil. Kanzlerschaften lösten einander ab. Begriffe schafften es bis in meine Wahrnehmung – Atomwaffensperrvertrag – NATO-Doppelbeschluss –, doch all das geschah, wie ich glaubte, jenseits des Horizonts meiner Welt, in der nach kurzen Phasen der Beunruhigung hinsichtlich des Weltfriedens alles für mich beim Alten blieb. Ich ging zur Wahl, wählte mit kaum gefühlten Ausschlägen nach etwas mehr links oder rechts die Parteien der Mitte, deren Programme, wie ich hoffte, darin bestanden, mich in Ruhe zu lassen.

Dann, eines Tages, erreichten mich die Vorboten einer neuen Zeit. Und diesmal geschah die Veränderung mitten in meinem Leben. Es war eine schleichende, zunächst kaum merkliche Veränderung. Menschen, die ich lebenslang kannte und deren Vernunft und Klugheit ich schätzte, brachen plötzlich bei gewissen Themen das Gespräch mit mir ab. Ich lernte, was eine Minderheitsmeinung ist und was mit denen geschieht, die sie vertreten. Plötzlich brauchte ich Mut, um mich noch zu äußern. Stillschweigen war einfacher. Doch gesetzt, dass man etwas zu sagen hat, ist das ein ungutes Medium zum Kommunizieren.

Mit dem Mut war es so eine Sache. Mut war Mode geworden. Die Mehrheit trug ihn wie eine Monstranz vor sich her. Mut gegen rechts war gefragt. Doch wann war Mehrheitsmut jemals mutig? Mut war zu einem der inhaltslosen Schlagworte verkommen, deren Verwendung allseits auf Zustimmung stößt. Demokratie. Gerechtigkeit. Solidarität. Toleranz. Vielfalt ... lauter sperrangelweit offene Tore einer Stadt, die zum Plündern freigegeben ist. Wer möchte da nicht mit von der Partie sein? »Wir sind mehr!«, jubelte das Staatsoberhaupt. Mehrheit, die sich inhaltsleer selbst feiert.

Es ist eine eigentümliche Bedrückung, die sich bei denen einstellt, die nicht im Konsens mit der Mehrheit sind. Ein offensichtlicher Mangel: nicht fähig zu sein zum Mitjubeln, Mitmachen, Mitlaufen. Es macht das Leben furchtbar anstrengend, tägliches Gegen-an-Denken zu einer Pflicht, der wir nicht entgehen. Allein schon informiert zu sein, kostet mehr Zeit, als wir haben. Wir nutzen verschiedenste Quellen, immer auf der Suche nach wahrer Unabhängigkeit von rechts und links, einem Denkordnungsschema, das wir längst für obsolet halten. Wäre *Querdenken* unter den sagbaren Wörtern nicht längst gelöscht, hätte ich es vielleicht gewählt, um mein Bemühen um Freiheit von den Blöcken des Meinens und Denkens zu bezeichnen. Auch *Freidenken* ist nicht mehr frei genug, um es als Bezeichnung zu wählen. »Denken ohne Geländer« à la Hannah Arendt? Vielleicht etwa so.

Ich sehne mich nach der herzlichen Uninformiertheit und Positionierungsfreiheit meiner früheren Tage. Sie ist dahin. Ich übe Vorsichten. Behutsam suche ich meinen Weg durch eine Welt, in der allerorten Geßlerhüte zu grüßen sind. Klimawandel. Ok, ich fürchte ihn. Hass und Hetze. Ok, ich verachte sie. Migration ohne Ende. Ich trage Bedenken, behalte sie jedoch für mich. Verabscheuungswürdige Taten geschehen. Muss ich wirklich sagen, dass ich Verabscheuungswürdiges verabscheue? Kampf gegen Rechts. Mobilmachung gegen ein Virus. Antirassismus an jeder Front. Ich möchte aber nicht in einen Kampf ziehen. Ich möchte den von mir geforderten Kriegsdienst verweigern.

Wie immer sind die kämpfenden Truppen hoch motiviert, schmettern siegesgewiss ihre Kampflieder und scheinen sich in kollektiver Hochstimmung zu befinden. Es muss großen Spaß machen, konsensfähig zu sein. Ich würde ihn gern teilen und kann jetzt verstehen, warum sogar die ganz Üblen in der Geschichte oft so viele Mitmacher fanden. Systemkonform zu sein, bekommt den Systemkonformen gut. Ich würde auch niemals argwöhnen, dass sie es nur spielen. Ihre Freude beim Mitlaufen ist tief gefühlt. Das spüre ich. Es gibt ein paar Dinge, die uneingeschränkt wohltun. Beliebt Sein, Wettkämpfe Gewinnen, Schätze Erringen. Der Schulterschluss mit Mehrheiten gehört dazu. Das Gefühl, Teil eines machtvollen Ganzen zu sein. Wahrscheinlich ankert es tief in unserer DNA. Nicht den Anschluss verlieren!, ruft es uns von da aus zu. Fürchte nichts mehr als die Isolation, sie ist tödlich! Ein weiser Rat aus den Zeiten, als wir noch in Horden die Wildnis durchstreiften und Einzelgänger zur Beute von Fressfeinden wurden. Unsere Instinktausstattung ist mangelhaft. Sie reicht nicht hin für ein stolzes, hochgemutes Leben und fordert Angepasstheit von uns. Ihre Verweigerung bringt dann und wann einen Nelson Mandela hervor, doch Menschen wie dich und mich überfordert sie, macht sie krank und verdrossen, und keiner zählt die Vielen, die sie um alles gebracht hat, Stolz, anerkannt Sein, Karriere, das bisschen Erfolg, das sie brauchten.

Und das ist nicht alles. Die Nichtangepassten ziehen immer noch Fressfeinde an. Zwar halten die keine Mahlzeiten mehr, reißen nicht mehr das Fleisch von den Knochen, doch machen sie sich auf andere Art über das her, was von den Anpassungsverweigerern übrig ist, und ich sah die traurigen Reste von Denunziation, Verächtlichmachung und Ausgrenzung.

Die freie Wildbahn, in der das geschah, war nämlich nicht mehr Wald und Steppe, wo einst das Blut unserer frühen Vorfahren geflossen war, es war – zivilisierter geht es nicht – in den Medien, wo der Kampf stattfand, Opfer und Sieger gekürt, Verehrung und Verachtung gezollt wurden, Altäre bekränzt und Schandpfähle errichtet. Der Kult des Weihrauch Streuens und der des Bespuckens wurden mit großem Ernst und Eifer gepflegt. Immer mehr Wörter wurden zu Unwörtern erklärt. Andere wurden befohlen. Witz wurde zu einer schweren und ernsten Kunst. Lacher wurden vorsichtig. Das Geschäft der Narren wurde immer schwieriger. Man dürfe doch alles sagen, wurde gesagt. Und viele sprachen es nach: »Man darf alles sagen.« Allerdings, wurde hinzugefügt, müsse man sich unbedingt an die Grenzen des Sagbaren halten. Irgendwo zwischen den Wörtern verlaufen sie, und du musst selber wissen, wo. Das wird als wichtig erachtet.

Was war mit uns geschehen? Was war mit mir geschehen? Denn ich spürte deutlich, dass ich Teil dieser Entwicklung war. Sie ging durch mich, mein empfindliches Selbst hindurch. Sie traf dort auf eine Stelle, an der eine Art sich manchmal krümmender Wurm hauste, von dem ich bisher nicht gewusst hatte, dass er vorhanden war. Es war nicht Angst, nicht Sorge, nicht mein Gewissen, es war meine Feigheit. Ich wollte den Mund auftun, wollte sagen, was ich dachte – und da krümmte sich ganz deutlich dieser Wurm in mir. Dabei drohte keine Bestrafung, weder Haft noch Auspeitschung noch sonst eine Folter. Sondern allein die Vertreibung, der Ausschluss aus dem juste Milieu der moralisch Guten, in das alles hineindrängte.

Die Aufnahme war einfach. Sie bestand im Nachsprechen von ein paar Formeln, in denen die Begriffe Vielfalt und Klima vorkamen. Später kam noch der eine oder andere Begriff hinzu und verschwand wieder, als neue Sachverhalte neue Begriffsbildungen erforderlich machten. Da es so einfach war, fiel man sofort damit auf, wenn man es verweigerte. Doch das taten nur wenige, und sie erkannten einander, und manche gingen wortlos aneinander vorbei, während andere sich zusammenfanden, Blogs und Zeitschriften gründeten, sich verachten und schmähen ließen und Kündigungen von Jobs und Freundschaften entgegennahmen.

Während der Hass regierungsamtlich verboten war, schwoll er mehr und mehr an in den Herzen und schuf sich Phantome, auf die er sich richtete. Die Einen hassten die Fremden, die ins Land gekommen waren, die Anderen die, die sie hassten. Niemand wusste, was eines Tages aus all der Niedertracht, der Heuchelei und gegenseitigen Verachtung entstehen sollte. Eine unheimliche Ruhe lag über dem Land. Die Ungeheuerlichkeiten politischer Kämpfe spielten sich nirgendwo als in den Herzen und Köpfen der Menschen ab. Deshalb gab es viele, die nichts gemerkt hatten und allen Ernstes davon überzeugt waren, immer noch in dem Land zu leben, in dem ich einst auf meine beschränkte Art glücklich gewesen war, und vielleicht waren sie tatsächlich noch auf ihre Art glücklich. Viele meiner alten Freunde waren und sind es offenbar und wissen nicht, was ich meine, wenn ich von dem Siegeszug der Heuchelei in unserem Land spreche, und argwöhnen sogleich, dass ich zu den Falschen gehöre, mit denen angetroffen zu werden ihnen als Kontaktschuld zur Last gelegt werden kann. Kontaktschuld. Ein neues Verbrechen in einem neuen Land, das aus dem alten ganz revolutionslos entstanden ist. Ein Land, in dem der Samen des Misstrauens aufgeht, den wir alle in uns tragen, der Lust, einander zu kontrollieren und sich selbst auf der sicheren Seite zu positionieren.

Das Neue gründet sich auf Angst. Es ist eine niederschwellige Angst. Niemand muss fürchten, dass man im Morgengrauen von Männern in langen Mänteln abgeholt wird, in ein wartendes Auto gestoßen und nie mehr zurückkommen wird. Doch es gibt genug anderes zu fürchten, und unsere schlimmste Angst ist die Angst voreinander. Ich fühle, wie sie mich von Tag zu Tag mehr durchdringt. Tatsächlich wende ich mich ab, wenn mir jemand zu nahe kommt. Im Wartezimmer eines Arztes nimmt ein Mann seine Maske ab, und ich empfinde einen kaum beherrschbaren Impuls, meinem Widerwillen gegen sein nacktes Gesicht nachzugeben und ihn anzuherrschen. Alles an seiner Erscheinung nährt meinen Widerwillen: die billige Jogginghose, die ungewaschenen Haare, die Art, wie er seine Füße in schmutzig-weißen Turnschuhen von sich streckt. Vor allem jedoch, dass er nicht sein Gesicht bedeckt. Wohin ist es mit mir gekommen? Welche Blockwartin hat in mir darauf gewartet, dass ihre Stunde gekommen ist? Was musste geschehen, um sie aus ihrem Schlaf aufzuwecken? Welche sinistren Figuren warten da noch auf ihr Stichwort, um aus den tiefen Verliesen meines Inneren ans Tageslicht empor zu steigen? Begierig auf eine Hinrichtung. Einen Tyrannen zu bejubeln. Den Arm hochzureißen und Heil! zu schreien.

Ich beginne zu ahnen, dass die Lemuren in mir in Bereitschaft sind, es immer waren, und dass es nur darauf ankommt, dass niemand sie weckt. Sie warten auf Umstände, die ihnen günstig sind. Kriege. Revolutionen und die Präliminarien davon. Polizeistaatliche Zustände. Inquisition, Jakobinerherrschaft, Genozid, Gulag, Kolonialismus, Sklaverei und andere menschengemachte Heimsuchungen, um ihr Haupt zu erheben und zu tun, worin sie am besten sind: mitmachen. Auch glaube ich, dass sie zu einem Erbe gehören, das ich mit denen teile, die aus all dem hervorgegangen sind, weil sie es überlebt haben: also mit allen. Ich fühle, dass es unentrinnbar ist. Und dass ich es nichts als günstigen Umständen verdanke, dass die Lemuren in mir bisher nicht auffällig geworden sind, und diese Umstände sich jederzeit ändern können und vielleicht schon begonnen haben, es zu tun.

Ich bin sicher, sie hätten Karfreitag geliebt. Hinrichtungstage waren immer Festtage für sie. Die Via Dolorosa, durch die einer sein Kreuz schleppen muss, ihr Revier. Und ich sehe den, der es tut, mit den Augen des Hauptmanns, der all das weiß und es kennt. Er wird in den Stunden, die folgen werden, sein entsetzliches Handwerk verrichten und etwas sehen, das er noch niemals gesehen hat, und wundersamerweise wird er den Blick nicht davon abwenden, bis er die Worte für das gefunden hat, was er sieht: Wahrlich, das ist Gottes Sohn. Einer – Einer! –, der nichts gemein hat mit all dem Schmutz und der Niedertracht, der unbarmherzigen Logik des juste Milieu, all dem Hass und Verrat, der Bereitschaft, grausam zu sein, zu quälen und zu erniedrigen, der Feigheit, die sich als Mut tarnt – nichts, gar nichts hat dieser Eine damit gemein.

Woran der Hauptmann das gesehen hat, bleibt sein Geheimnis, und Christen teilen es mit ihm. Es ist das Geheimnis des Glaubens, wie die katholische Liturgie es nennt. Erfahrbar (ausschließlich) inmitten des äußerst Entsetzlichen, das eine Welt konstituiert, in der etwas in uns sich zu Hause fühlt.

Und Einer nicht. Wie ist das möglich? Es muss Gottes Sohn sein!

Kein Bekenntnis. Keine Behauptung. Ein Satz des Staunens und der Überwältigung. Ich spreche ihn vorsichtig nach, stimme zu ohne Vorbehalt, und wenn es doch ein Bekenntnis ist, soll es mir recht sein.

Ein ganz gewöhnliches Frühlingsfest
Von der Auferstehung

Ich sitze im Auto und höre einen Sender mit alter Popmusik. *From a distance*, singt Bette Middler, *god is watching us, god is watching us, god is watching us from a distance ...* Der Song bezaubert mich. Er bezaubert mich mit seinem Text, und ich wünschte, Gott sähe mir aus der Entfernung zu. Er sähe mir nicht nur im Auto, er sähe mir bei meinem Leben zu. Und ein paar Augenblicke lang versuche ich die Verlassenheit und den Irrsinn einer komplett gottlosen Welt auszuhalten, in der niemand da ist, der wahrnimmt, dass es mich gibt und ich gerade von A nach B unterwegs bin. Irgendwo auf der Milchstraße, in deren Unermesslichkeit keiner mich suchen, geschweige denn finden wird. Dann ertrage ich es nicht länger. *From a distance ... we are instruments*, singt Bette Middler, *... playing songs of hope, playing songs of love ... from a distance ...* Und ich singe laut mit.

Es gibt anspruchsvollere Musik, um sich ins Gottvertrauen zu singen. Aber kein größeres Erschrecken, als sich in die totale Gottesfinsternis zu imaginieren. Ich meine nicht den Wald- und Wiesenatheismus, zu dem man sich gern und ohne viel intellektuellen Aufwand bekennt und die Rendite in Form von wohlfeiler Zustimmung und dementsprechend geschwollenem Selbstwertgefühl einstreicht. Auch Große sind nicht gegen die Versuchung gefeit, die Sympathie- und mediale Aufmerksamkeitsprämie dafür zu kassieren. Der von mir so sehr bewunderte und verehrte Evolutionsbiologe Richard Dawkins (*Das egoistische Gen, The Ancestor's Tale – Geschichte vom Ursprung des*

Lebens), der mir den Weg in ein neues Weltverständnis geöffnet hat – wie hat er mich enttäuscht mit seinem Buch *Der Gotteswahn*, einem emphatischen Bekenntnis zum Atheismus in Form von wütender Polemik gegen jede Art von Religion, deren Verderblichkeit und gefährlichen Einfluss er auf fast sechshundert Seiten nicht genug beschwören kann.

Und es ist so einleuchtend, so überaus einleuchtend, was er schreibt. Und so intellektuell redlich, wenn er ein großes Kapitel überschreibt mit: »Warum es mit ziemlicher Sicherheit keinen Gott gibt«, obwohl er nur allzu deutlich ganz sicher ist, dass es keinen gibt. Und ich muss jetzt aufpassen, dass ich nicht spitzfindig werde, wie es, wenn die Existenz Gottes zur Sprache kommt, fast unausweichlich ist. Ich wiederhole: Ich verehre Richard Dawkins. Niemals würde ich mich auf einen Disput mit ihm einlassen, auch weil ich weiß, ich wäre ihm gar nicht gewachsen. Ich würde gern dabei bleiben, dass er der Meister ist und ich die Schülerin. Und, weiß Gott, ich habe viel von Ihnen gelernt, Meister.

Was die Evolutionsbiologie anbelangt. Da waren Sie unvergleichlich. Sie haben mir beigebracht, meine Abstammung zu denken, meine Verwandtschaft mit den archaischen Menschen, den Affenmenschen, den Schimpansen, den Gorillas, Orang-Utans, den Koboldmakis und Buschbabys, den Bibern, den Mäusen, Sie haben mir die Geschichte des Flusspferds erzählt, die Geschichte der Robben und Beuteltiere, der Amphibien, der Lungenfische, des Buntbarsches und der Flunder, des Seeringelwurms, der Blattschneiderameise und der Acoelomorpha, genannt Plattwürmer, sowie der Quallen, Korallenpolypen und Pilze und mich mit den Eubakterien bekannt gemacht. An Ihrer Hand fand ich mich in der großen Familie des Lebens wieder und staunte, denn ich war ein Teil von ihr und lernte, dass ich das Ergebnis von vier Milliarden Jahren Entfaltung des Lebens bin, einzigartig und großartig, lernte das Glück zu empfinden, dass es mich wider alle Wahrscheinlichkeit gibt, weil die Kette des Lebens von seinem Anfang bis zu mir niemals abgerissen ist. Und das zwang mich in die Knie, nicht anders, als wenn ich wüsste, dass ein Gott mich geschaffen und mir persönlich den lebendigen Odem eingeblasen hat.

Es zwang mich in die Knie, denn – hören Sie mir zu, Richard Dawkins? – etwas ist auf dem Weg der Entfaltung des Lebens in mir entstanden, nicht nur in mir, sondern in vielen von meiner Art: eine Neigung zur Anbetung, ein Bedürfnis zu danken. Denn das Geschenk ist zu groß, das wir mit dem Menschsein am Ende von so viel Evolution erhalten haben, als dass wir es danklos entgegennehmen könnten, es verschwenden und die Anmaßung begehen, ohne Ehrfurcht und Verehrung von etwas Größerem, als wir selbst es sind, unsere Tage zu verbringen und ebenso danklos wieder zu verschwinden.

Schaffen wir uns also einen Gott, weil wir ihn brauchen? Nennen ihn Schöpfer und Vater, weil wir ein Bedürfnis danach haben? Darauf habe ich nichts zu entgegnen, außer: Was wäre damit bewiesen? Seien Sie großzügig! Argumentieren Sie nicht, wie auch ich nicht argumentieren will. Denn in dieser – und nur in dieser – Frage ist argumentieren missionieren. Und das tun auch Sie. Sie missionieren für Ihre Konfession, den Atheismus. Und Sie haben ja recht. Wenn Menschen für Ihre Götter kämpfen, wird es ernst. Daraus ist viel Entsetzliches entstanden. Auch dem Gott der Christen sind viele Menschen zum Opfer gebracht worden und viele Schandtaten in seinem Namen begangen.

Doch da ist das Zeugnis vom Gottessohn, aus Fleisch und Blut wie wir alle, der selbst ein Opfer geworden und ohne Zorn und Eifer in den Tod gegangen ist. Oder haben Sie ihn argumentieren gehört? Das Für und Wider der Sache erörtern, für die er stirbt? Und welche Sache wäre das? Die Existenz Gottes?

Wenn sie jemals glaubwürdig bezeugt worden ist, dann in keiner Disputation, keiner philosophischen Abhandlung, sondern in einem Aufschrei tiefster Verzweiflung und grenzenloser Verlassenheit. Den Evangelisten Markus und Matthäus ging es offenbar darum, die Authentizität und Wortwörtlichkeit dieses Aufschreis zu belegen, indem sie ihn in aramäischer Sprache (O-Ton Jesus) dokumentierten:

Mein Gott, mein Gott, warum hast du mich verlassen? (Mt 27,46 / Mk 15,34)

Ein Schrei nach Gott. Nach dem abwesenden Gott. Das ist die Existenzbeglaubigung Gottes, mit der Jesus aus seinem irdischen Leben geschieden ist.

Es ist unfassbar. In jeder großen Erzählung steckt ein Kern von Unfassbarem. Und ob sie wahr ist oder nicht – und diese i s t wahr, will heißen: Sie ist geschehen –, packt das Unfassbare ihre Leser an der Gurgel und lässt sie nie wieder los: Kapitän Ahab grüßt als Toter vom Rücken des Wals … Die junge Jeanne steht in den Flammen und brennt lichterloh … Mit der Überzeugung, ein Gottverlassener zu sein, stirbt Jesus Christus, der Mann, der die Gegenwart Gottes in seinem Tun und Reden so glaubhaft bezeugte, dass er ihn geradezu *verkörperte*.

Was für ein herzbrecherisches Vater-und-Sohn-Drama! Am Stamm des Kreuzes ein verlassenes Kind (das auch dieser am Ende war), gequält und ausgesetzt, begafft und verachtet, es ruft nach – man sagt, nach der Mutter hätten die sterbenden Männer auf den Schlachtfeldern der Welt gerufen – nach dem Vater ruft dieser Sterbende, seine Hände würde er ausstrecken, wenn man sie ihm nicht ans Holz genagelt hätte … Er verlangt keine Errettung, er ist einverstanden gewesen mit diesem Tod, er verlangt nach nichts anderem als etwas göttlicher Gegenwart, einem leisen himmlischen Flüstern: Warte … Bald … Du wirst schon sehen … Am Ende werden wir siegreich sein, und alle Welt wird es wissen, wer du wirklich bist … Etwas von der Art, was ein Vater seinem Sohn an mindestem Mutmachen schuldig ist. Und ganz offenbar bleibt selbst das aus.

Kein Gottesbeweis. Gar nichts. Keine Wolke, in die Gott den Sterbenden hüllt, um ihn in den Himmel zu entführen, wo er hingehört.

Diese Art von Gottesbeweis?

Kein Hinweis auf eine Auferstehung von den Toten, in der man, wenn man es wüsste, schon jetzt genug Trost finden könnte, um es durchzustehen.

Diese Art von Trost?

Keine Hoffnung, dass der Statthalter Pilatus, dem Gott den Sinn gewendet hat, einen reitenden Boten schickt: Hinrichtung abbrechen!

Diese Art Hoffnung? Nichts davon.

Verächter des Glaubens! Feinde der Religion! Seht diesem Sterben zu. Seht die grandiose Verlassenheit dieses Mannes, seine entsetzliche Einsamkeit, ermesst die Tiefe seiner Fallhöhe vom Gottesplatzhalter zum Vergessenen Gottes und zum Spott seiner Feinde. Seht den am Kreuzstamm Erhöhten und in Wahrheit tief Erniedrigten. Seht den Preisgegebenen!

Und hört das ungeheuerliche Schweigen Gottes, während Jesus stirbt, verwandt mit dem Schweigen Jesu vor dem Gericht, das sie über ihn abhielten, während er nichts zu seiner Verteidigung vorbrachte – eine Art Familienähnlichkeit hinsichtlich ihres Schweigens zwischen Gott Vater und Sohn, dieses selbstdarstellerische Nichts, das keine Gewissheiten liefert und ohne Zorn und Eifer ist, keine Tempelvorhänge zerreißt und nicht, wie andere Götter, mit Blitz und Donner um sich wirft und die Erde zum Beben bringt. Ist das die Art Gott, der ihr Feindschaft geschworen habt?

Und wo ist das »Übersinnliche«, Richard Dawkins, das Sie so ärgerlich macht? Kann etwas irdischer sein als dieses Sterben? Und wo die »Gotteshypothese«, die zu widerlegen Sie nicht müde werden, als sei es nicht längst entschieden, dass »Evolution« die bessere Hypothese ist, wenn es um Welterklärung geht? Und wo vor allem die Kraftmeierei, mit der Götter seit alters her ihre Überlegenheit demonstrieren und ihr großes »Es gibt mich« zur Geltung bringen?

Ich sehe Sie lächeln. Er schwieg, weil es ihn nicht gibt, sagen Sie.

Können wir das beenden? Wo es kein »Es-gibt-ihn«-Gewese gibt, gibt es auch kein »Es gibt ihn nicht«. Und Sie hätten sich viel Mühe um nichts gemacht, wenn ich das vorsichtig sagen darf. Doch das ist natürlich nicht wahr. Sie bezeugen, dass Ihre Forschungen Ihnen eine Ahnung »von der erhabenen Größe der wirklichen Welt« vermittelt haben, und davon findet sich etwas auf jeder Seite Ihrer Bücher, selbst in *Der Gotteswahn*.

Das haben Sie schön gesagt: Ahnung. Erhabenheit. Sind das nicht Begriffe der religiösen Sphäre, die Sie so scheuen wie der Teufel das Weihwasser? Doch ich will nicht wieder polemisch sein. Denn auch mir haben Sie diese Ahnung vermittelt. Erhabene Größe – dank Ihnen habe ich sie in der Evolution entdeckt. Ich beuge meine Knie davor und bringe mein gläubiges Staunen dar. Doch sollte beispielsweise die Gotteserkenntnis eines hebräischen Psalmdichters nicht ebenso der forschenden Aufmerksamkeit wert sein wie die Geschichte des Lungenfischs und ihre Bedeutung für die Entfaltung des Lebens? Und das eine wie das andere genau dies bewirken: die Ahnung erhabener Größe der wirklichen Welt? Geschweige denn ein Ereignis vor zweitausend Jahren, als ein junger Mann in Jerusalem den Tod am Kreuz erlitt?

Das i s t die wirkliche Welt, in der das geschah, ein Ereignis, das in ungewöhnlichem Maße etwas davon erahnen ließ, was mit »Erhabenheit« nur angedeutet werden kann, indem es eine Erschütterung auslöste, die selbst einen römischen Hauptmann in die Worte ausbrechen ließ: Das war Gottes Sohn! Eine Erschütterung, die noch nach zweitausend Jahren erfahrbar ist und erfahren wird und für viele, damals wie heute, als Auferstehung begreifbar ist.

Auch ich begreife es so und habe, wie man so sagt, kein Problem damit. Übersinnliches, da bin ich mit Richard Dawkins einer Meinung, vermag mich nicht sehr zu beeindrucken. Ob vor zweitausend Jahren ein Felsengrab leer oder nicht leer war – im Ernst: Was will mir das sagen?

Aber dass die Geschichte des Gottessohns mit seinem Tod am Kreuz nicht zu Ende erzählt war, dass die Zeugen seines Wirkens und seines Sterbens nach einer anfänglichen Schockstarre von, sagen wir, zwei Tagen am dritten Tag von der Gewissheit erfüllt waren, dass er unter ihnen war und immer sein würde, und dass sie deswegen voller Hoffnung waren, Hoffnung auf ein »Reich Gottes«, in dem Heuchelei und politische Niedertracht ihr Recht verwirkt hätten – diese Erfahrung begreife ich und möchte an der damit verbundenen Hoffnung teilhaben.

Und ich begreife, dass sie ihren Stolz wiederfanden und den Wurm ihrer Feigheit in sich besiegt haben. Die Macht des juste Milieu schüchtert sie nicht mehr ein. Sie kommen aus ihren Fluchtwohnungen und Verstecken, wo sie sich aus Angst um sich selbst verkrochen haben. Eine neue Sorglosigkeit herrscht unter ihnen. Sie machen lange Spaziergänge über Land, und ihnen ist, als ob er neben ihnen ginge und mit ihnen spräche, und das bewegt ihr Herz. Sie spüren, dass seine neue Gegenwart unverlierbar für sie ist und dass sie diese Empfindung miteinander teilen. Und wenn sie einander treffen, rufen sie es sich zu: Der Herr ist auferstanden!, rufen sie (Lk 24,34).

Er ist wahrhaftig auferstanden!, antworten die so Angesprochenen mit dem österlichen Gruß, den man in Russland noch heute kennt.

Sie sollten sich eigentlich in alle Winde zerstreuen und einander nie wieder begegnen. Sie sollten möglichst vergessen, was sie in den letzten Jahren, besonders den letzten Tagen erlebt haben. Sie sollten wenn möglich nach Hause zurückkehren, von wo sie aufgebrochen sind, um hinter dem herzulaufen, der als Verbrecher hingerichtet worden ist. Tiefer kann man nicht fallen. Sie haben aufs falsche Pferd gesetzt. Sie sollten sich schämen. Sich zurückziehen. Schweigen, am besten für immer. Sehr kleine Brötchen backen auf jeden Fall. Froh sein, wenn man sie bei sich zu Hause wieder aufnimmt. Vielleicht wird ja mit der Zeit Gras über die Sache wachsen. Es wäre das Beste, was ihnen passieren könnte.

Von all dem geschieht das Gegenteil. Es ist unbegreiflich. Nach menschlichem Ermessen eigentlich gar nicht möglich. Es spricht jeder logischen Abfolge der Dinge Hohn. Es spottet jeder Erwartbarkeit. Es ist gegen die Natur. Es ist wunderbar, unerklärlich und großartig. Ein strahlender Sieg. Es ist Ostern.

Es ist das Du-musst-dich-nicht-schämen-Fest. Es ist das Du-bist-nicht-allein-Fest. Es ist das Verlass-den-Schmollwinkel-Fest. Es ist das Trotz-alledem-Fest. Es ist das Zeig-ihnen-was-du-denkst-und-wer-du-bist-Fest. Es ist das Pfeif-auf-die-Meinungs-eliten-Fest. Es ist das Heute-beginnt-etwas-Neues-Fest. Ein ganz gewöhnliches Frühlingsfest also.

So fing das mal mit der Kirche an. Und das lauthals zu verkünden – dafür gibt es sie. Um Versteckt euch nicht länger!, zu rufen. Kommt aus euren Löchern! Habt keine Angst! So wie sie es 1989 tat. Da öffneten sich die Kirchentüren, die Menschen drängten ins Freie, und die Welt begann sich zu verändern. Das war im Herbst, aber eine Art Auferstehungsfest war es doch. Da war Schluss mit dem Heimlichtun. Schluss mit der Angst, mit dem anders Reden als Meinen. Schluss mit dem so Tun als ob. Ich wünschte, ich hätte es live miterlebt. Es muss wunderbar gewesen sein. Vielleicht ein bisschen, ein ganz kleines bisschen wie am dritten Tag.

Und es kann wieder passieren … Die Hoffnung ist immer in Kraft.

Der sublime Reiz der Blasphemie
Vom Zauber des Religiösen

»Man kann sich zu einem Fußballverein bekennen oder zu einer politischen Partei. In der Kirche bekennt man sich zu wichtigen Glaubensaussagen, die in Bekenntnissen zusammengefasst sind. Sie werden im Gottesdienst gemeinsam gesprochen. Das Apostolische Glaubensbekenntnis geht auf die Aussagen der Apostel über Jesus zurück …«

Dieser Text empfängt Sie, wenn Sie *ekd.de/apostolisches-glaubensbekenntnis* anklicken:

Die Evangelische Kirche in Deutschland ist der Zusammenschluss der 20 weithin selbstständigen lutherischen, reformierten und unierten Landeskirchen in der Bundesrepublik Deutschland. Ob Gottesdienst, Kirchenmusik oder andere Aktivitäten – die Landeskirchen unterstützen die Arbeit der Kirchengemeinden vor Ort. Zudem sind sie in den regionalen gesellschaftlichen Prozessen engagiert. Sie bieten ethische Orientierung in aktuellen politischen Fragen, leisten Friedens- und Bildungsarbeit, sind in Diakonie, Flüchtlingsarbeit, Umwelt und Ökumene aktiv.

Die Mitgliedschaft in diesem Verein, Verzeihung, der Kirche, kostet Sie nichts weiter als einen zehnprozentigen Aufschlag auf Ihre Lohn- oder Einkommensssteuer. Doch Hand aufs Herz, wollten Sie nicht schon immer lutherisch, reformiert oder uniert unterwegs sein? Sie wissen nicht, was das bedeutet? Macht nichts. Sie dürfen dafür die Arbeit der Kirchengemeinden vor Ort unterstützen und sich in regionalen gesellschaftlichen Prozessen engagieren. Na, ist das nichts? Und die ethische Orientierung in politischen Fragen, die Sie so bitter benötigen, gibt es natürlich

nicht umsonst. Das kennen Sie schon von den Öffentlich-Rechtlichen. Doch in der Evangelischen Kirche kriegen Sie Friedens-
und Bildungsarbeit obendrauf, und damit nicht genug: Wenn
Sie Gutes tun wollen, sind Sie hier richtig. Flüchtlingsarbeit wartet auf Sie, und noch ein paar weitere wichtige Allerweltsaktivi-
täten. Öko …, Öku … egal. Ist auf jeden Fall wichtig und, ja, das
kostet natürlich ein wenig mehr. Ironie aus.

Wer hat diese vielen Komposita mit dem Bestandteil -arbeit
erfunden? Bibelarbeit gehört dazu. Geht es noch dröger? Noch
bemühter und betulicher? Oder haben die oben zitierten Texte Sie elektrisiert und Ihnen Lust auf mehr gemacht? Sofern Sie
nicht schon (oder noch) dabei sind: Hätten Sie das Gefühl, dass
etwas Wichtiges in Ihrem Leben fehlt, wenn Sie da nicht mitmachen?

Sie erfahren viel über die Organisationsstruktur der evangelischen Kirche(n) in Deutschland, die Personen, die maßgeblich
sind, ihren Stand auf der innerkirchlichen Karriereleiter, ihre
Funktionen – Sie erfahren nichts über ihren Glauben. Doch Halt.
Sie bekommen auch Links zu Predigttexten der EKD-Ratsvor-
sitzenden zum Beispiel. Oder zu Grundlagentexten und Denk-
schriften, Stellungnahmen zu »sozialen, bildungsbezogenen und
gesellschaftlichen Fragen«. Nun ja, man muss ein gewisses Maß
an gutem Willen mitbringen, um den entsprechenden Quellen-
angaben nachzugehen und kostenpflichtig im Buchhandel zu
bestellen.

Ich will nur sagen: Ich bin schon herzlicheren Einladungen,
faszinierenderem Werben um meine Aufmerksamkeit begegnet,
habe schon größeres Verlangen nach näheren Einblicken in eine
Sache verspürt, fühlte mich schon direkter angesprochen … Ein
Apparat stellt sich vor. Das Bemühen um den Nachweis der eigenen Bedeutung und Wichtigkeit wird spürbar. Vielleicht sollte man kirchlicherseits eine PR-Beratungsagentur konsultieren.

Aber ich will nichts gesagt haben. Am Ende machen die das noch. Oder sie machen es längst, und das kommt dabei heraus.

Was erwarte ich denn? Lebenshilfe? Fromme Sprüche? Seelsorge auf Abruf? Alles das gibt es, wenn man es dringend braucht, bei den Landeskirchen auch. Pfarrer und Pfarrerinnen, die Beistand im Leben und Sterben leisten. Persönlichkeiten, von denen ein gewisses Leuchten ausgeht, das ich gern als den Geist Gottes wahrnehme, der in ihnen wirkt. Begegnungen mit ihnen, die ein Empfinden wie Dankbarkeit in mir auslösen, wohltuendes Erstaunen, grenzenloses Vertrauen. Es müssen keine Ordinierten sein. Die – inzwischen pensionierte – Leiterin des Kindergartens meiner Enkel gehört dazu. Diakonisse. Weiße Haube. Warmes Lächeln. Altgeworden im Dienst an den Kindern, die nicht ihre eigenen sind. Ein gottgesegneter Mix aus Liebe und Lebenserfahrung, Demut und Selbstwertbewusstsein. Drei Sätze mit ihr gewechselt, ach, nur einen Gruß – *makes my day*. Und sie ist gewiss nicht die Einzige.

Der Geist Gottes. An dieser Stelle soll von den Freikirchen die Rede sein. Auf der Suche nach den Spuren Gottes in der Welt meiner Gegenwart muss ich auf sie stoßen. Früher hatte ich Berührung mit den Methodisten, indem ich mit einem Mann aus einer methodistischen Familie verheiratet war. Meine Kinder sind sogar methodistisch getauft. Ihr inzwischen verstorbener Vater war kein Frommer. Er hatte sich früh aus der Umklammerung der Frömmigkeitspraxis seiner Eltern befreit. Der Vater fuhr sonntags noch mit dem Zug über Land und predigte in Wohnzimmern. Der Sohn wurde Philosoph. Eine andere Form der tiefen Innerlichkeit seiner Vorfahren und gleichzeitige Distanzierung von dem Milieu seiner Abstammungswelt, der strengen Lebensführung, dem Misstrauen allem Schönen, Üppigen, allem Genuss gegenüber. Musik nur, wenn sie dem Lobe Gottes gewidmet war. Tanzen ausgeschlossen. Ausgelassen Sein verboten. Lachen nicht erlaubt, es sei denn maßvoll. Stell dir vor, der Herr Jesus kommt wieder – in vollem Ernst: Das kann jeden Augenblick passieren – und du lachst gerade über einen Witz, oder er sieht dich tanzen … In seiner säkularisierten Form tritt das als schwäbische Sparsamkeit hervor, Fleiß, Lebensernst, Rechtschaffenheit.

Unsere kulturelle Prägung überlebt ihre Wurzeln im Glauben, auch wenn wir ihn längst nicht mehr teilen. Die konfessionellen Einflüsse wirken auch bei Kirchenfernen noch nach. Was wir wertschätzen, was unser Misstrauen erregt, was uns erlaubt oder verboten scheint, was unsere Zustimmung findet oder ein Ärgernis für uns ist – all das, auch wenn wir längst religiös abtrünnig sind, ist nichts anderes als Glaube und offenbar tiefer gegründet als unsere Gottesvorstellungen. Ja, vielleicht ist der Glaube an Gott nur die Spitze des Eisbergs unseres Verhaftetseins in der Religion, und Gott lacht über unsere Versuche, uns von ihren Einflüssen zu befreien.

Wenn es so ist: Worüber wundern wir uns angesichts einer noch immer bestehenden Spaltung christlicher Konfessionen? Ostkirche, Westkirche. Katholisch, evangelisch …

Das interessiert doch keinen mehr? Vor Jahren, es müssen Jahrzehnte sein, sang ich in einem Chor, der, was seinen Dirigenten und die meisten seiner Mitglieder anbelangte, katholisch geprägt war, und wir fuhren nach Rom, wo wir einige Konzerte gaben, Papstaudienz auf dem Petersplatz inklusive. Ich stand im Gedränge zwischen meinen Mitsängern und -sängerinnen, und der Heilige Vater, damals Wojtyla, spendete seinen Segen. Plötzlich gingen rechts und links von mir die Handtaschen auf, und die religiösen Mitbringsel, die man für die Mütter und Omas zu Hause gekauft hatte, Heiligenbilder, Kreuze, Rosenkränze – mir war es zu peinlich, genauer hinzuschauen –, wurden hochgehalten, damit der päpstliche Segen sie in direkter Luftlinie treffen und mit Magie aufladen konnte. Ich war nachhaltig erschüttert und bin es noch heute. Aberglaube, rief es in mir, Götzendienst! Ein kleiner Martin Luther schoss in mir hoch. Du bist anders!, rief er. Damit hast du nichts gemein!

Seitdem ist viel Wasser den Tiber hinunter geflossen. Das christliche Abendland ist weniger christlich geworden, die Kirchen beider Großkonfessionen werden leerer. Sollte es keine Vereinigungsoptionen geben, und seien es nur Erwägungen strategischer Art? Sich zusammenzuschließen, wäre das nicht opportun? Mir ist nichts dergleichen bekannt. Vermutlich werden wir getrennt untergehen, und noch die letzten beiden Christen werden sich streiten, wer von ihnen der Rechtgläubige ist. Falls Sie an dieser Stelle Ökumene! Toleranz! rufen, Hand aufs Herz: Sind Sie bereit, Ihr Täschchen zu öffnen, wenn Sie evangelisch sind, und irgendein kleines Ding emporzuhalten, damit es sich mit dem Segen des Heiligen Vaters auflädt, oder falls Sie katholisch sind, sagen wir, ein Schlückchen Apfelsaft aus einem Schnapsglas zu trinken und das Ganze als Sakrament zu betrachten, eins von zweien, die nach der Reformation noch übrig sind?

Und doch ist das nicht das ganze Szenario. Seit einiger Zeit hörte ich im Zusammenhang mit Kirchenaustritten, dass bei den Freikirchen ein reger Zulauf stattfinde. Ich dachte an meine Erfahrungen mit den Methodisten und wunderte mich. So viele Strenggläubige wachsen nach? Haben die keine Kinder, die gegen die Freudlosigkeit aufbegehren? Und das sympathische Paar von den Zeugen Jehovas, das immer wieder einmal vor unserer Tür steht und das wir nicht abweisen, sondern auf einen Kaffee einladen – gelingt es ihnen nur bei uns nicht, Begeisterung zu wecken für die streng biblische Deutung von Leben und Welt, mit der sie uns verblüffen? So wie mit der Unverdrossenheit, mit der sie wieder und wieder kommen und all unseren Versuchen widerstehen, sie auf ein anderes, ein nicht biblisches Themenfeld zu locken. Mit erstaunlicher Beharrlichkeit nehmen sie bei jedem Thema den kürzesten Weg zur nächsten Bibelstelle. Ihre Kenntnis ist unerschöpflich. Ist das ein missionarisches Erfolgsrezept? Bei uns hat es nichts bewirkt. Aber wir mögen sie.

Irgendwann wartete die Überraschung auf mich. Es geschah im Netz. Da entdeckte ich die *Church*. So nennt sie sich selber. Ihr offizieller Name ist International Christian Fellowship (ICF). Sie entstand in der Schweiz und existiert inzwischen in mehreren europäischen Ländern. Sehr international, sehr fromm, sehr modern, sehr bibeltreu. Wer bisher geglaubt hat, das seien Widersprüche, sollte sich auf youtube die Videos der Celebrations anschauen, wie die Gottesdienste vom ICF genannt werden, ihre Mischung aus »tief gehender Message« und »gutem Worship«, wie es auf der Website des ICF Hamburg heißt, entstanden aus dem »Traum, Kirche wieder dynamisch, lebensnah und zeitgemäß zu gestalten«. Keine Jugendbewegung. Menschen zwischen zwanzig und vierzig, also diejenigen, die in der traditionellen Kirche eher wenig vertreten sind, werden hier angesprochen. Ihre Musik, ihr Lebens- und Kommunikationsstil geben den Ton an. Zwischen Gottesdienst und Party sind die Übergänge fließend, der Graben weniger tief als der zwischen traditionellem Gottesdienst und Celebration. Der Predigtstil ist hinreißend. Wer nach zehn Minuten keine Gänsehaut hat – selber schuld. Der Kanzelstar ohne Kanzel heißt Leo Bigger, nicht mehr der Jüngste, aber auch noch nicht alt, eine Art Gründervater der *Church*. Unnachahmlich die Mischung aus Schweizer Tonfall und coolem Englisch. Die religiöse Charmeoffensive aus Zürich. Ich könnte der Verführung erliegen, wäre ich nicht zu alt für die *Church*. Doch möchte ich dem Eindruck entgegentreten, dass es sich hier um ein christliches Leichtgewicht handelt. Das Gegenteil ist der Fall. In den Predigten, in den Gebeten liegt eine große, eine spürbare Kraft. Sie drückt sich in den Kommunikationsformen unserer Gegenwart aus, sprachlich und musikalisch, sie kommt in einem Selbstdarstellungsstil daher, der keine Hierarchien, keine Schwellen kennt, gleichzeitig locker im Darbietungsmodus und hoch konzentriert auf Inhalt und Geist ihrer Botschaft. Leo Bigger im Talar, das ist undenkbar. Er trägt seine alten Jeans und irgendwas drüber. Ein Predigtscript gibt es nicht. Dann und wann, wenn es ums Zitieren geht, blickt er auf sein Handy. Er ist im Netz und ist ganz unmittelbar. Er feiert das Abendmahl. Sie sitzen zu Dritt an einem weißgedeckten Tisch, auf dem ein halber Laib Brot und drei halbgefüllte Rotweingläser stehen. Er kaut das Brot, nimmt sich die Zeit dafür, hält die Augen geschlossen, spricht mit noch halb gefülltem Mund über die Gewalt, die Jesus erlitt, für dessen Leib das Brot Symbol ist, das er kaut, als wenn er es sei, der Jesus Gewalt antut, nicht anders als seine Zähne dem Brotbissen. Er beschwört Jesu große Liebe, sein für uns Leiden. Eine leise Hintergrundmusik erklingt dazu, wie bei den Feiern von Messe und Abendmahl in den Kirchen, nur dass es keine Orgel ist. Er trinkt vom Wein und spricht die Einsetzungsworte, als wenn sie ihm eben zum ersten Mal durch den Sinn gingen. »Das ist mein Blut«, sagt er, »für euch vergossen …«, und dann, mit erhobenem Gesicht und leiser Emphase: »Durch meine Adern fließt das Blut von Jesus Christus … Ich bin nicht ein Opfer der Umstände … Mein Name ist nicht Sünde … Verzagen ist nicht meine Identität … In mir pulsiert das göttliche Blut …«, spricht mit geschlossenen Augen … in einer Hand das Glas, erhebt er seine Arme … Musik. Das Bild blendet aus. Wow.

Die reine Abendmahlslehre? Sie ist mir egal. Ich begreife, vielleicht zum ersten Mal, was sie bedeutet, diese Zeremonie, die ich auf einmal nicht mehr als Zeremonie wahrnehme. Immer empfand ich den Abgrund, der mich von ihr trennte. Immer überwand ich ihn beherzt und mit dem Vorsatz, mir nicht viel daraus zu machen, dass es mir ein wenig bizarr vorkam, da vorn am Altar einen trockenen Brotwürfel zu essen und mit einem Schlückchen Traubensaft hinunter zu spülen, auch wenn es mich, manchmal bis zu aufsteigenden Tränen, rührte, die Einsetzungsworte zu hören und zu wissen, dass sie aus der Tiefe von zweitausend Jahren kommen und mich mitmeinen. Immer nahm ich da mit einem Augen-zu-und-durch-Gefühl teil.

Wie gesagt, es war nur online, als ich es neu wahrnahm. Doch ich gestehe, dass da ein Funke auf mich übergesprungen ist. Ein paar Tage lang erliege ich immer wieder der Versuchung, ein wenig ICF auf mich wirken zu lassen. Ich bin ein Fan. Leo Bigger hat es geschafft. Und bitte: Wir haben es hier mit einer Art moderner Zeltmission zu tun. In meiner Kindheit schon hat es das gegeben: Erweckungsprediger. Sie zogen von Ort zu Ort und traten in so etwas wie Zirkuszelten auf. Keine Ahnung, wer da hinging. Ich kannte niemanden, der das tat. Der Star dieser Szene hieß Billy Graham. Dunkler Anzug, Krawatte, brechend volle Hallen. Die Leute, still und andächtig im Sonntagskleid, schlugen ihre Bibeln auf, die sie mitgebracht hatten, lasen die Predigttexte mit und klatschten Beifall, wenn der Prediger endete. Es sind die Großeltern der ICF-Leute von heute. Gleich geblieben ist der Bibel-Enthusiasmus, der einem dort wie hier entgegenschlägt. Es sind Evangelikale. Die Zeitstile ändern sich, die Orientierung an biblischen Texten bleibt.

Fundamentalismus hat keinen guten Ruf. Er macht teils verhasst und teils lächerlich. Dazwischen liegt ein weites Terrain Charakterstärke erfordernder Beharrlichkeit, die sich nicht scheut, verlacht und unterschätzt zu werden, aktuell auch angefeindet. Zeitgeistverachtung, deren ungeschützte Flanke darin besteht, dass sie dem Zeitgeist untergegangener Epochen huldigt, der als durch Gott beglaubigt betrachtet wird. Das kann schon sehr ernüchternd und meinen Widerspruch herausfordernd sein. Doch ich fahnde nicht danach in den Predigttexten moderner Freikirchen, wo ich wahrscheinlich, und schon gar nicht in denen älterer, wo ich sicher fündig werden würde. Mich interessiert nicht sehr, was sie dogmatisch vertreten – und mir scheint, dass sie das selber nicht hochgradig interessiert –, sondern das Maß an Lebendigkeit ihres Kultus und ihrer Verkündigung. Die Glut, die ich darin spüre.

Mögen sie sich mit ihrer Einstellung zur gleichgeschlechtlichen Liebe und all den anderen infrage stehenden Themen noch winden beim ICF – mich hat, als ich sie entdeckte, nicht die Frage geleitet, ob sie in Hinsicht aufs Zeitgeistige rechtgläubig sind, sondern ihr Worship und Preaching, das hat mich interessiert und von der Meinung kuriert, es sei nur noch müde Resteverwertung des Christlichen, was heutzutage geschieht, und bald würde man alle Kirchen zumachen können, die evangelischen, weil niemand mehr kommt, und die katholischen, weil es keine Priester mehr gibt und die einen damit beschäftigt sind, sich zu schämen, und die anderen doch lieber normale Männer sein wollen.

Nein. Es gibt da noch etwas. Leidenschaft im Glauben. Die Lust an der Nachfolge Christi. Eine Innigkeit und Beschwingtheit beim Feiern von Gottesdiensten. Predigten, die inspiriert sind und inspirieren. Eine Attraktivität des Christseins, die nicht behauptet werden muss, sondern erfahrbar wird.

Ich denke, man kann sie finden, wenn man die Augen aufhält. Nicht nur beim ICF und in den Freikirchen, sondern auch in den landeskirchlichen Gemeinden.

Heute, da ich dies schreibe, im Coronajahr zwei, spüre ich allerdings nichts davon. Die Kirchentüren geschlossen. Die Gesichter verhüllt. *Social distancing.* Wieder wird Ostern sein. Wieder werden wir das Auferstehungsfest nicht feiern, wie wir es sonst feierten. Unsere Angst vor dem Tod wird aller Voraussicht nach wieder den Sieg davontragen wie im letzten Jahr.

Was rede ich da? Will ich etwa Leben riskieren, einschließlich meines eigenen? Will ich etwa Ungeimpften den Zugang zur Kirche gestatten, damit sie andere dem Risiko einer Ansteckung aussetzen? Plädiere ich etwa für ungeschützten Gottesdienstbesuch mit Todesfolge? So wie der Pfarrer meiner Nachbargemeinde es mir erklärte, als ich am Vormittag des Heiligen Abends 2020 anrief, um zu fragen, ob es denn wahr sei, dass gar nichts Weihnachtsgottesdienstliches stattfinde, auch nicht, wie angekündigt, auf dem Sportplatz oder in Form von musikalisch umrahmten Lesungen der Weihnachtsgeschichte in halbstündigen Abständen, wie es ursprünglich in der Dorfkirche für jeweils kleine Gruppen von Besuchern geplant war.

»Nein«, antwortete er, »nichts. Alles abgesagt.« Er könne es nicht verantworten. Denn der Zugang zum Sportplatz müsse von mindestens zwei Gemeindehelfern kontrolliert werden, damit sich nicht etwa zu viele Gottesdienstbesucher einfänden, und die müssten dann sehr nah an ihnen vorbei. »Soll ich sie dann etwa«, fragte er, »in ein paar Wochen beerdigen?« Nein. Das könne und wolle er nicht verantworten.

»Weihnachten«, sagte ich fassungslos. »Sie wissen doch, dass das nicht vermittelbar ist.«

Ja, sagte er, es sei furchtbar. Wahrscheinlich das schlimmste Weihnachten, das er jemals erleben würde.

Es war der Tiefpunkt christlicher Verzagtheit für mich. In Kriegen, Notzeiten, Verfolgung, Gefangenschaft … haben Christen Weihnachten gefeiert. In Lagern, in zerstörten Kirchen, in Katakomben … unter Lebensgefahr, während Fliegerangriffen …

Ich konnte ihm nicht einmal ein frohes Fest wünschen.

Was, um die Gefahr zu bannen, hätten wir denn tun können? Außer den Fernseher anschalten. Musik von Datenträgern hören. Oder uns von einem der Kinder aus dem Lukasevangelium vorlesen lassen, was wir schließlich taten.

Was sollen wir Ostern tun, um den Geist des dritten Tages bei uns zu spüren, obwohl die Angst schon länger als ein Jahr unter uns wohnt und ihr Bann uns gefangen hält?

Sollen wir Feuer anzünden, den schönen heidnischen Osterbrauch wiederbeleben? Gar keine schlechte Idee, finde ich. Doch ich glaube, dass Feuermachen im Freien verboten ist. Wie das meiste andere inzwischen auch: Sich besuchen. Einander begegnen. Um die Häuser ziehen … Warum meldet keiner der Pfaffen und, pardon, der Pfäffinnen (interessant: Mein Rechtschreibprogramm unterschlängelt rot), Osterdemos an, auf denen für nichts als die Auferstehung demonstriert wird, eine neue Art von Ostermärschen also? Die Kirchentüren zu und die Straßen voller Demonstranten, die Schilder hochhalten, auf denen »Er ist wahrhaftig auferstanden« steht. Ich finde, es hat was. Ich finde, wir sollten es tun. Selbstredend unter Einhaltung der Hygieneregeln. Und uns nicht umsehen – Sie wissen schon, was ich meine –, ob da welche von den Falschen unter uns sind. Dieser Schulterblick. Dieses Halsverdrehen: Bin ich auch gewiss bei den Richtigen? Man kriegt den scheelen Blick davon, darf aber trotzdem bei uns mitlaufen. Wir sind nicht so.

Und so ziehen wir an der Kirche vorbei, in der vor coronabedingt halbleerem Gestühl die Apokalypse gepredigt wird. Sie haben eine ihrer Priesterinnen eingeladen. »Gott wird uns nicht retten«, predigt sie. »Das werden wir tun.« O-Ton einer »Fastenpredigt« im Berliner Dom, gehalten von Luisa Neubauer.

Habe ich mich verhört? Nichts in den sieben Jahrzehnten, die ich als Christin durchlebt habe, scheint so deutlich vom Rückzug Gottes zu zeugen wie dieser Kanzelsatz: »Gott wird uns nicht retten«, gesprochen von einer Frau, die sich der Weltrettung verschworen hat. Seit Menschen und Götter die

Erde bevölkern, seit Tausenden von Jahren, ist das der religiöse Gau, der größte anzunehmende Glaubensunfall, der Höllen-
sturz. Der Mensch nimmt den Platz der Götter ein: Wir retten
uns selber. Nichts straften sie je grausamer. Man denke nur an
Prometheus.

Ich kämpfe meine Empörung nieder, betrete den Dom via
Youtube und höre mir die ganze Predigt an. Das Orgelvorspiel
ist wunderbar, der Chor singt ergreifend, Luisa Neubauers sanft
konturierte Schönheit, ihr Lächeln, ihre Gestik, der pastorale
Duktus ihrer Sprache, die Stimme, die jede Nuance zwischen
zart und kraftvoll beherrscht – alles nimmt mich für sie ein. Sie
scheint zur Priesterin gleich welcher Religion geboren. Nichts
würde sie besser kleiden als ein Talar. Selten schien mir ein evangelischer Gottesdienst, das ganze Ensemble, szenisch gelungener
und überzeugender. Auch was sie sagt, überzeugt. Man kennt
es aus ihren Fernsehauftritten. Nur mit dem Predigttext, den
Jesusworten aus der Bergpredigt über das Sorgen (Mt 6,25–33)
Sorgt nicht um euer Leben ..., kann sie nicht viel anfangen, wie
sie zum Ausdruck bringt, und sie bedenkt sie mit einem reizen-
den Stirnrunzeln. Dann, im Verlauf ihrer Predigt, fängt sie doch
noch etwas damit an, macht aus Sorge *Vor-sorge*, macht daraus
Für-sorge, und beides schafft den alten Worten neuen Sinn. Der
Domprediger hat eine überzeugende Wahl getroffen, als er sie
einlud. Sie erfüllt alle Erwartungen. Gegen Ende ihrer Ausführungen fällt dann der Satz ... Sie hat ihn vorbereitet. Wir haben
alles von Gott bekommen, was wir brauchen, hat sie gesagt, um
die Welt zu einem besseren Ort zu machen. Haben wir das? Ich
bezweifle es. Sind wir denn im Besitz der friedfertigen Gesinnung, die dazu nötig wäre? Eines Gemeinschaftssinnes, den ein
solch einzigartiges Werk braucht? Besitzen wir die Kraft zu einer
solchen Menschheitsanstrengung? Von der Gewissheit ganz zu
schweigen, dass die Welt ein »besserer Ort« wird, wenn alle po-

litischen Anstrengungen sich auf ein einziges Ziel hin verengen: das Klima.

Ich gebe ihr jede Chance. Ich warte, dass sie meine lauernde Empörung ins Unrecht setzt. Hat sie nicht eben noch davon gesprochen, dass wir Teil von etwas sind, das größer ist als wir selbst? Na …? Sie meint die großen Versammlungen auf den Straßen, ihre eigene Sehnsucht nach »Zusammenkommen und Loslegen«. Ach so …. Doch spricht sie jetzt nicht vom Glauben? »Wir werden uns retten«, sagt sie, »weil wir nicht den Glauben verlieren« – ja …? – »an eine bessere, gerechtere Welt, die möglich ist«, fährt sie fort, »solange wir für sie kämpfen.« Und dann ist sie auch schon am Ende. »Sorgt euch nicht!«, ruft sie der Gemeinde kraft ihrer selbst als Luisa Neubauer noch zu. »Amen«, endet sie.

Jemand hätte ihr sagen müssen, dass sie das Amen weglassen soll. Aber vielleicht wissen viele von uns gar nicht mehr, dass der Glaube an eine bessere Welt nicht das zentrale Anliegen eines Gottesdienstes ist. So vertraut sind solcherlei Worte in der evangelischen Kirche heute, so erwartbar.

Der Glaube an Gott? Der Glaube an eine bessere, gerechtere Welt! Und?

Und weiter nichts.

Da ist Gott also auf wunderschöne, evangelisch stilvolle Weise – musikalisch großartig umrahmt und ganz auf der Höhe des Zeitgeists – verabschiedet worden. Ein Schockerlebnis für die Zuhörenden? Keineswegs.

Wie anders war das noch bei Nietzsche:

Der tolle Mensch sprang mitten unter sie und durchbohrte sie mit seinen Blicken.

»Wohin ist Gott«, rief er. »Ich will es euch sagen!

Wir haben ihn getötet, ihr und ich!

Wir sind seine Mörder! Aber wie haben wir das gemacht?

Wie vermochten wir das Meer auszutrinken?
Wer gab uns den Schwamm, um den ganzen Horizont wegzuwischen?
Was taten wir, als wir diese Erde von ihrer Sonne losketteten?
Wohin bewegt sie sich nun?
Wohin bewegen wir uns? ...«

... War das noch ein helles Verzweifeln! Luisa dagegen ist ganz und gar mit sich im Reinen. Es ist kein titanischer Akt, den sie im Sinn hat. Kein Frevel. Im Gegenteil. Wie kann Weltrettung ein Frevel sein? Auch das Gute geschieht inzwischen ohne Gott. Nicht einmal eine Mitwirkung gesteht sie ihm zu. Diese spezielle Mitwirkung Gottes, die man einmal Segen genannt hat.

Ein altes Kirchenlied kommt mir in den Sinn:

Wir pflügen und wir streuen
Den Samen auf das Land.
Doch Wachstum und Gedeihen
Steht in des Himmels Hand ...

Nachhall aus einer andersgrünen, längst versunkenen Welt, in der sie pflügten und säten und nicht daran zweifelten, dass sie das selber tun mussten. Schöne Arbeitsteilung, die Matthias Claudius meint, zwischen den alten Bauern und ihrem Gott. Er spricht sehr vorsichtig, um nicht zu sagen zärtlich davon.

Er sendet Tau und Regen
Und Sonn- und Mondenschein,
er wickelt seinen Segen
gar zart und künstlich ein
und bringt ihn dann behände
in unser Feld und Brot.
Es geht durch unsere Hände,
kommt aber her von Gott.

Seltsame Töne aus einer Welt, in der sich Regen auf Segen reimt und Gott in der agrarischen Wertschöpfungskette mitwirkt wie ein besonderer Dünger, erträgnissteigernd, ökologisch und sehr nachhaltig. Ich habe das Erntedankfest, in den USA das höchste des Jahres, auch bei uns immer geliebt. Das Fest des gläubigen Staunens, immer noch auf der Welt zu sein, getragen, erhalten, gesättigt, beherbergt, beschützt. Mein Teller gut gefüllt, meine Gesundheit versichert, das Dach unseres Hauses dicht. Das Fest der Dankbarkeit.

Moment. Wieso Dankbarkeit? Du hast doch gearbeitet. Die Krankenkasse kriegt einen Teil deines Arbeitseinkommens, und zwar nicht wenig davon. Auch für dein Essen hast du bezahlt. Und vom Dach über deinem Kopf ganz zu schweigen.

Soll ich mir also selbst dankbar sein? Weil ich so tüchtig und fleißig war?

Wenn du das unbedingt brauchst.

Als ich jung war, eine Anfängerlehrerin, zog ich zum ersten Mal seit meinem Studium in eine richtige Wohnung, drei Zimmer, Einbauküche, ein renoviertes Bad, mein damaliger Mann und ich.

Gott, wie langweilig.

Gott, wie wunderbar mir das damals erschien. Ich konnte es nicht glauben.

Was?

Dass diese herrlichen Kacheln im Bad und das neue Parkett und alles ... das Äquivalent für das bisschen Deutschunterricht im Gymnasium war, den ich gab. Ab jetzt sollte ich ein Leben bestreiten können!

War doch normal. Du hast studiert und irgendwann fängst du dann an, Kasse zu machen.

Es hat auch noch Spaß gemacht.

Übertreib nicht!

Das Studieren auf jeden Fall.

Worauf willst du hinaus?

Ich sollte dankbar sein.

Wem? Deinem Vermieter? Dem Staat, der dir das Gehalt überwiesen hat, das er dir schuldete?

Ich konnte es mir bis jetzt immer leisten, mein Leben.

Was soll das heißen, ich konnte mir mein Leben leisten? Man kann sich irgendwas …, Auto, Urlaub, Familie … leisten. Aber ein Leben? Das ist unbezahlbar.

Genau. Ich habe trotzdem eins gekriegt. Irgendjemand muss für mich aufgekommen sein, meine Lebenshaltungskosten, als da sind: meine Gesundheit, die mir durch die Jahre half. Meine Intelligenz, die mir das Nötigste zu begreifen gestattete. Mein Gemüt, das in einem hinreichenden Maße der Schwermut standgehalten hat. Mein Mut, der mich nie ganz verließ. Eine hinreichende Jugendschönheit, die mir die Chance gab, in dem Maße begehrt und geliebt zu werden, in dem ich selber begehrt und geliebt habe und also mein Leben nicht in Verzweiflung zubrachte. Das alles und unendlich viel mehr hat meine Ausstattung gebildet, und ebenso unendlich dankbar müsste ich sein.

Wem? Lass mich raten: dem lieben Gott?

Gute Frage. Die Antwort ist einfach: Ich weiß niemand anderen. Ich überlege ernsthaft und komme nicht darauf, wer es sonst sein könnte, dem mein Dank gebührt. Meinen Eltern, die mich gezeugt haben? Und sollten die ihren eigenen und die wiederum ihren Eltern dankbar sein und so immer weiter in unendlichem Regress? Der Evolution vielleicht, die uns alle hervorgebracht hat? Mir scheint, der Schalter ist geschlossen. Die Evolution nimmt keine Dankadressen entgegen. Wohin also damit?

Und wie ich so dastehe und abwechselnd ratlos in den Himmel blicke und betreten vor meine Füße, kommt es mir in den Sinn, dass auch mein Bedürfnis zu danken zu meiner Ausstattung gehört und eine Gabe ist, die im Rückschluss auf einen Geber verweist, und ich nenne ihn bei seinem Namen: Gott.

Gott ist der Name dessen, dem der Dank gebührt.

Auch dies, nebenbei gesagt, ist kein Gottesbeweis. Man stößt damit in ein uraltes philosophisches Wespennest, den Streit zwischen Nominalisten und Realisten (in einer anderen als der landläufigen Bedeutung), den Universalienstreit, der mindestens seit der Scholastik tobt und immer noch nicht an ein Ende gelangt ist. Darum sei es gesagt: Mein Bedürfnis zu danken beweist nichts außer sich selbst. Und keineswegs, dass ein Empfänger des Danks existiert.

Doch unbeschadet davon erklingt seit uralten Zeiten das große Gotteslob: *Hallelujah* – Der Name des Herrn sei gelobt! Davor verstummt jede ontologische Debatte, und mehr als alles andere möchte ich da gern mit einstimmen.

Es ist ein herrlicher Name, den Gott seit uralten Zeiten trägt. Kyrios. Deus. Dio. Dieu ... auch Allah. Doch für die alte Germanin in mir ist das sein Name: Gott. Ungegendert. Gott ist ein generisches Maskulinum. Sein weiblicher Anteil hat nichts dagegen, darin enthalten zu sein. Wenn er im Bedarfsfall zu uns kommt, um uns zu trösten, *wie einen seine Mutter tröstet* (Jes 66,13), kommt er bei Nacht und macht kein Aufhebens davon. Nicht alles, was der Fall ist, will groß herauskommen. Das gilt besonders für Gott. Unser Verhältnis ist sehr privat, sehr intim. Alles Politische muss außen vor bleiben. Alles Selbstdarstellerische. Alles Posieren. Auch legt Gott keinen Wert auf die Attribute, die ihm fraglos zustehen. Der Allmächtige. Allwissende. Ewige ... Er macht sich klein, bis er in den engen Raum meines Bewusstseins passt und ich mir ernsthaft die Frage stelle, wie es möglich ist, dass er da hineinkommt.

In dem Geisteszustand, in den es uns gewöhnlich versetzt, »Gott« zu denken, diese erregende Mischung aus Entwerfen und Entdecken, Fantasie und äußerster Nüchternheit, in diesem *state of mind* halte ich es für möglich, dass Gott sich in mir selbst erschafft. Ein Mitreisender der Evolution, der dich und mich als Vehikel für seine Ewigkeitstour benutzt. Meine Dankbarkeit, mein Glaube – sei es darum, ich benutze einmal das Wort –, so etwas wie die Energieträger Gottes, sein Treibstoff auf seinem Weg durch die Ewigkeit.

Und für die Dauer des Gedankens spüre ich den sublimen Reiz der Blasphemie und erlaube mir die Frage, ob eine Spur davon der Frömmigkeit nicht immer innewohnt, wenn sie den Pfad zur Seligkeit nicht verpassen will. Sollte Gott nicht lächeln? Sollte er in seiner göttlichen Väterlichkeit nicht leicht amüsiert sein bei seinem flüchtigen Hindurchziehen durch unsere Gedanken, die ihn nicht festzuhalten vermögen, weder durch Definitionen noch durch Dogmatik, noch durch den hilflosen Handel, den wir ihm gebetsweise anbieten, damit er sich unseren Wünschen gewogen zeigt?

Ist Gott denn eine Person?

Wenn du das brauchst, sagt er lächelnd im Weiterziehen.

Da kommt es mir in den Sinn: Ist das nicht die Quintessenz alles Christlichen? Dass Gott Person für uns geworden ist?

Ja!, rufe ich hinterher. Wie sonst soll ich dir begegnen? Wie mit dir sprechen? Wie darauf hoffen, dass da nicht niemand ist?

Und obwohl mir keine Antwort zuteilwird, weiß ich, dass er mir meine Fragen und Zudringlichkeiten, die Zweifel und Blasphemien aus reiner väterlicher Güte nicht übel genommen hat und dass man das an den Altären der Christenheit nämlich Vergebung nennt.

Die Gedanken sind frei
Vom Lob des gebrochenen Glaubens

Als ich fünfzehn Jahre alt war, geschah es, dass ich in eine Lage geriet, in der ich sehr nah daran war, einen entsetzlichen und gewaltsamen Tod zu erleiden. Seither weiß ich, wie es Menschen unter äußerster Bedrohung ergeht. Es gibt immer weniger Tage, an denen ich nicht daran denke. Vielleicht, weil die Zeitspanne Leben, die dennoch stattfand, mit jedem Tag länger wird, meine Rettung also mit jedem Tag kostbarer, der kleine, zufällige Umstand, dem ich sie verdanke, ein immer größeres Gewicht erhält.

Ich denke an meine Mutter, diese liebe, schwach belastbare Frau, dass es sie zerstört hätte. Meine Klassenkameradinnen, deren weiteres Leben eine frühe Verschattung erfahren hätte. Den Bericht davon in der lokalen Zeitung, das blanke Entsetzen, das er erzeugt hätte. Den Chor, der sich aufgelöst hätte und erst nach Jahren zaghaft wieder neu gegründet worden wäre, nachdem der junge Chorleiter die Stadt verlassen und nie wieder in seinem Beruf Fuß gefasst hätte, seine Begabung vergeudet, sein musikalisches Leben verwirkt. Ich denke an die Tage der Ungewissheit, während Polizisten mit Hunden die Wälder durchkämmt hätten, wo sie mich schließlich irgendwo verscharrt gefunden hätten wie eine der Leichen, mit denen abends der Fernsehkrimi beginnt. Ich sehe meine Söhne an, die es nicht gäbe, und ihre Kinder und die Frauen, die andere Kinder zur Welt gebracht hätten. Damals sagte ich niemandem etwas davon. Meine geschwollene Nase gab ich als Folge eines Schnupfens aus. Nur gegenüber der Freundin, mit der man in dem Alter einfach

alles bespricht, versuchte ich mich in Andeutungen, merkte
aber, noch während ich sprach, dass es einfach zu schlimm war,
und beließ es dabei.

Was ich bis heute nicht verstehe: warum ich nicht in der Ju-
gendherberge blieb. Die anderen Jungen und Mädchen vom
Chor schliefen doch auch nicht, wenn wegen des Konzerts am
Abend ein Mittagsschlaf angesagt war. Da ging die Post ab in
den Schlafsälen. Wahrscheinlich deshalb. In dem Alter war ich
manchmal versessen auf Einsamkeit. Ich hatte kurz vorher Gott-
fried-Benn-Gedichte entdeckt, *Aller Sprachen Schmerz- und
Schattenlaut …* So war ich damals drauf, und die klar ausgespro-
chene Warnung der Herbergsmutter, da draußen sei es gefährlich, da treibe sich jemand herum – die galt nicht für mich. Wer
glaubt denn mit fünfzehn noch an den bösen Wolf?

Es war der letzte Waldspaziergang, den ich in meinem Leben
allein unternahm. Bis heute kann ich es nicht. Bis heute fühle
ich den Zwang, mich umzusehen, ob mir jemand folgt, sobald
ich belebte Straßen und Wohngebiete hinter mir lassen will, und
kehre um. Bis heute erwarte ich Schritte und das Atmen von je-
mandem hinter mir, und ich glaube, noch heute würde ich mich
umwenden und ihm entgegengehen.

Warum das? Warum lief ich nicht sofort weg? In der Sekun-
de, in der mir das Adrenalin ins Blut schoss, trat ich nicht den
Fluchtweg an, sondern den Weg nach vorn. Nicht ich entschied
das, sondern etwas in mir. Mein Erbe aus den Zeiten, als ich
noch in den Wäldern gejagt hatte und gejagt worden war. Gegen
das, was sich von hinten nähert, bist du wehrlos. Nimm es von
vorn. Du musst kämpfen! Später erkannte ich darin meine Über-
lebensausstattung, ein uraltes in mir vorhandenes Programm,
aktivierbar in Momenten äußerster Lebensgefahr durch maxi-
malen Adrenalinausstoß. Es mag auch der Rest einer Hoffnung
dabei gewesen sein, der Wunsch, dem Geschehen die Chance

zu lassen, sich als gefahrlos herauszustellen. Was mir auf dem Waldweg gefolgt war, ein ganz gewöhnlicher Spaziergänger, der wie ich die Waldeinsamkeit zu seiner Erbauung gesucht hatte. Und so tat ich, was der Mann, noch ein Stück weit entfernt von mir, kaum zu erwarten gewagt hatte. Es muss ihm wie die Erfüllung der verwilderten Träume erschienen sein, die ihn in den Tagen(?) oder Wochen(?) seiner Waldexistenz heimgesucht hatten – einen »Sittenstrolch« hatte die Herbergsmutter genannt, was sich in der Gegend herumtrieb –, zu schön für ihn, um wahr zu sein. Erst der Anblick dessen, was er entblößt hatte, und sein gekeuchtes »Komm her, Mädchen, komm her« lösten den Fluchtreflex in mir aus. Irgendwo zwischen den Bäumen holte er mich ein. Ich erinnere mich an den Baumstamm in meinem Rücken, der mir Halt gab, als der Mann mich mit Fäusten schlug, immer wieder auf meine Schläfen eintrommelte. Wäre der Baum nicht gewesen … wäre ich gestrauchelt, gefallen … hätte ich einmal gelegen, hätte der Mann mir antun können, was immer er wollte, er war deutlich stärker als ich. Die Hände, die mich schlugen, hätten sich um meinen Hals legen können und zudrücken … Ich wäre wehrlos gewesen. Stattdessen muss es mir gelungen sein, mich zu befreien, und die Verfolgungsjagd setzte sich fort. Klassisch. Aus unserer Abendunterhaltung bekannt. Das Keuchen, die Zweige, die ins Gesicht schlagen, die panische Angst, wer den längeren Atem hat. Wohin laufe ich? Dem Waldrand entgegen? Oder tiefer ins Dickicht, zu der Stelle hin, an der ich sterben soll?

Es war ein Weidezaun, der meinen Fluchtweg abschnitt. Dahinter eine Viehweide, die sich zum Tal hin absenkte. Mein Verfolger kam näher … Ich sprang.

Ich war nie mehr als sportliches Mittelfeld. Allein im Hochsprung kam ich unter die Letzten, wenn die Latte immer höher gelegt wurde. Lange Beine, eine gewisse Elastizität. Ich schaffte es. Mein Verfolger schaffte es nicht. Er sah seine Beute zwischen den Kühen davonlaufen, bis ich die Straße im Tal erreicht hatte, noch einmal sprang und auf das kleine, ärmliche Bauernhaus auf der anderen Seite zurannte, wo ich hektisch anklopfte, eine alte Frau mir die Tür öffnete und begriff, was mir zugestoßen war. Das soll nicht heißen, dass mein Anblick sie mitleidig stimmte. Es war kein Haus des Mitgefühls oder der Herzlichkeit, so viel verstand ich. Doch in ihrer Küche stellte sie einen Kaffeebecher vor mich hin, den sie aus einer Blechkanne befüllte, die auf dem Kohlenherd stand, und ich schämte mich des Uringeruchs, der von mir ausging. In der Panik hatte sich meine Blase entleert, und ich schließe daraus, dass sie das in Kämpfen auf Leben und Tod gewöhnlich tut und dass jeder Soldat, der über Nahkampferfahrung verfügt, ein Wissen davon hat.

In der Ecke saß ein mürrischer alter Mann, der sich nicht rührte und auch nicht den Mund auftat. Sie befahl ihm, mich hinauszubegleiten, wozu er sich widerwillig erhob. Doch an der Straße drehte er sich um und ließ mich die geschätzten zwei Kilometer zum Ortseingang allein weitergehen, immerzu den Waldrand im Blick. Neunzehnhundertneunundfünfzig war eine kleine, dörferverbindende Landstraße wenig befahren. Ich musste also noch einmal allein die Todeszone durchqueren. Erst jetzt, da ich dies schreibe, kommt mir die Frage in den Sinn, ob diese beiden Alten nicht die Eltern des Unholds gewesen sind. Es hätte zu ihnen gepasst. Ein in jeder Hinsicht chancenloser Sohn, der unter dem Einfluss schwacher Intelligenz und eines starken Geschlechtstriebs mit den Jahren verwilderte. Doch sind solche Spekulationen nicht nur müßig nach derartig langer Zeit, sondern auch deutlich klischeegeprägt. Dennoch bleibe ich dabei: In diesen Dörfern und Wäldern wohnte ein Geist der Verlassenheit und Zivilisationsferne, der in den medial vernetzten Zeiten, in denen wir jetzt leben, allenfalls noch als Folie für die

Behauptung dienen kann, dass im Schoß der Gesellschaft und ihrer Randgruppen ein harter Kern gruseliger Verbrechen verborgen ist. Eine Behauptung, die das öffentlich-rechtliche Fernsehen fast allabendlich wiederholt.

Tatsache bleibt, dass weder die alten Leute noch ich die Polizei benachrichtigten und dass wir möglicherweise weitere Verbrechen heraufbeschworen, indem wir das unterließen. Wenn es mildernde Umstände dafür gibt, dann die, dass das alte Paar mit Sicherheit kein Telefon hatte und ich mein Trauma, das mir durch mein Leben geblieben ist.

Natürlich sang ich am Abend das schlichte und ohne Zweifel ergreifende A-Capella-Konzert der Kantorei in der benachbarten Kreisstadt mit. Unsere jungen Stimmen füllten das schmucklose Kirchenschiff und erzeugten mit ihrem Schmelz und ihrer Reinheit diese gewisse Anmutung eines Engelschors, die unsere Zuhörer erwarteten.

Der Gedanke an diesen Tag im Frühherbst 1959 verliert über die Jahrzehnte nichts von seinem Schrecken. Mein ganzes Leben in einem einzigen Sprung über einen Weidezaun. Hätte es im Schnelldurchlauf in die Minuten gepasst, bevor das Ende kam, während er zudrückte? Ein großes Hätte, Könnte, Würde … einschließlich des Moments, in dem ich hier sitze und diesen Text tippe.

Wie soll ein Kriegsteilnehmer das für sich sehen? Sein ganzes Leben in einer Kugel, die ihn knapp verfehlt hat? Und das vielleicht tausend Male, wenn er seine Fronteinsätze überlebt hat? Im Übrigen betrifft es uns alle. Tausende Male im Auto hat es nicht gekracht. Hat da der Zufall, hat ein guter Gott Regie geführt? Und wenn die Kugel den Nächsten traf? Und wenn wir den Straßenverkehr überlebt haben, um eines Tages – wer weiß? – einen schrecklichen Unfall zu verursachen, bei dem andere den Tod finden?

Ich war gewiss nicht zufällig in diese Lage gelangt, sondern durch eigenen Entschluss, meinem sentimental-pubertären Einsamkeitsbedürfnis zu folgen und wider besseres Wissen den törichten Plan eines Waldspaziergangs zu realisieren. Wäre ich umgekommen, hätte ein zynischer, allwissender Interpret es auf Gottes Entscheidung zurückführen können, ein solches Mädchen zu eliminieren, bevor es noch mehr dumme Dinge anrichtete.

Trotz Albert Einsteins unsterblichem Diktum »Gott würfelt nicht« oder Albert Schweitzers »Zufall ist das Pseudonym Gottes, wenn er nicht selbst unterschreiben will« steckt der Streit zwischen dem Prinzip Gott und dem Prinzip Zufall in seinem ewigen Unentschieden fest, und ich gedenke mich nicht daran abzuarbeiten. Wenn ich es richtig verstehe, neigen beide Denker der Gottseite zu, was mich im Falle Einsteins eher überrascht, aber nicht voreinnimmt.

Fakt ist: Ich behielt mein Leben, meine Mutter behielt mich, der Stadtgesellschaft von Unna blieb ein großer Aufreger erspart, und der Mann, der im Teutoburger Wald junge Mädchen anfiel – hat er weitere Untaten begangen? Vergewaltigt? Ermordet? Hat man ihn gestellt und bestraft? Ich habe keine Ahnung. Ich war damals keine Zeitungsleserin, und es wäre im Übrigen auch das Letzte gewesen, was mich interessierte. Ich wollte vergessen, was ich erlebt hatte. Es passte nicht zu dem Leben, das meine Mutter für mich vorgesehen hatte und in dem alles auf eine »nette, normale Ehe« hinauslief. Das waren ihre Worte. Als wenn sie selbst etwas dergleichen gehabt hätte!

Jahre später, ich war längst verheiratet, sagte ich einmal zu ihr: »Mutter, es gibt keine netten, normalen Ehen«, und sie sah mich nachdenklich an und sagte: »Eigentlich hast du recht.«

Da wusste sie schon und wusste, dass ich wusste: dass das Leben, das wir führen, all das Nette, Normale, über das geredet wird, wovon wir Mitteilung machen und wofür wir schaulaufen, all dieses beruflich tätig Sein, dieses Reisen und Bauen, Einrichten, Gärten Anlegen und manches mehr – tragisch getrennt ist von dem, was nur uns gehört, den Ängsten und Träumen, Erinnerungen und Sehnsüchten, dem rastlosen Geschäft in inneren Räumen, dem Hassen und Lieben, wütend Sein und Abrechnen, dem Kommen und Gehen unserer inneren Gäste, dem Widerhall unserer Selbstgespräche mit ihnen, den Racheschwüren, dem Flehen, den durchweinten Nächten, den Beschämungen … Auf dieser Seite der Existenz ist die Einsamkeit gewaltig. Sie wusste es, doch wie die meisten lebte sie, vorwiegend lächelnd, darüber hinweg.

Sie war eine der vielen Heldinnen des Normalseins im Bürgertum. Es hätte einfach nicht zu ihr gepasst, eine Tochter zu haben, die beinah vergewaltigt und ermordet worden wäre, und ich ersparte ihr das, indem ich kein Wort darüber verlor.

Ich bin auch sicher, dass ich mit Gott nicht darüber sprach. Ich hätte es tun sollen. Wie? Ihm danken, dass er mich gerettet hat? Hat er das denn?

Unversehens bin ich bei der Frage, die alles entscheidet.

Hast du mich damals gerettet, Gott?

Keine Antwort.

Warum antwortest du mir nicht?

Ich antworte doch.

Ich höre nichts.

Dein Problem.

Bist du nicht allmächtig?

Hmm.

Und gütig?

Was du nicht sagst.

Dann kann es doch wohl nicht sein, dass du –

Was?

einfach weitergegangen bist, als du sahst, in welcher Gefahr ich war.

Wer sagt das? Natürlich nicht.

Also. Du hast mich gerettet.

Wie kommst du darauf?

Du sagst doch selber ... Du sahst ...

Ich sah die Ameisen unter deinen Sohlen sterben. Ich sah das Blatt, das vom Baum fiel, ins Trudeln geriet und sich in deinem Haar verfing. Ich sah die Käfer in der Borke sich tiefer in den Stamm hinein flüchten, als dein Kopf wieder und wieder gegen ihn schlug. Ich sah, dass die Erektion des Mannes, der dir Gewalt antat, schwächer wurde, weil dein Schreien ihm Angst machte. Ich wusste, du würdest dich aus seinem Zugriff befreien ...

Und du tatst nichts!?

Was hätte ich denn tun sollen? Ich bin Gott.

Es ist dir gleichgültig ... ?

Im Gegenteil.

Was heißt das?

Ach, das verstehst du nicht.

Willst du behaupten, dass ... ein Borkenkäfer ... ein Herbstblatt ... ein Zeugungsglied ... dir gleich gilt? Das wäre fürchterlich.

Wer sagt, dass es mir gleich gilt? Alles das gilt mir ... das, was das alles gilt.

Und ich?

Manchmal bin ich parteiisch ...

Habe ich richtig verstanden?

Ja. Ich war es auch für dich.

Auch für mich? Ist das wahr?

Als du über den Zaun sprangst ... Aber lassen wir das. Es gibt Momente, in denen ich ein ganz gewöhnlicher Gott bin. Du

weißt schon, wie die Olympischen, die ihre Vorlieben hatten …
Leg mich nicht darauf fest!

(Nach einer Pause …:) Damals war ich sehr allein.

(Begütigend:) Das warst du nicht.

Siehst du mir zu?

Wie meinst du das?

So beim Leben?

Manchmal mehr, manchmal weniger.

Es würde mir genügen, zu wissen, dass du da bist. Du musst nicht eingreifen.

Das tue ich auch nicht. Ich kann es gar nicht.

Warum sagst du das? Du kannst doch alles.

Eben.

Wie meinst du das?

Du würdest es nicht begreifen. Es geht ohnehin zu weit, dass du so mit mir sprichst.

Ich bitte um Entschuldigung.

Es heißt Vergebung bei mir. Schon gut.

… Darf ich sagen, was ich denke?

Nur zu. Die Gedanken sind frei. Dafür stehe ich.

Also gut: Ich glaube nicht ans ewige Leben.

Das ist eine der größten Dummheiten, die mir je zu meinen göttlichen Ohren gekommen sind. Die Ewigkeit ist mein Element wie das Wasser für die Fische.

Ich meine für uns.

Ach, das meinst du: Was mit der Seele wird, wenn ihr gestorben seid. Dieses kleine Fünkchen in euch, von dem ihr hofft, dass es euch überlebt. Da könntest du recht haben: Es ist nicht ewigkeitstauglich.

Wirklich? Es erlischt mit dem Tod?

Muss ich dir das erklären? Ihr werdet befreit davon! Das ist die Pointe beim Sterben! Endlich nicht mehr in einem Ich eingeschlossen, das euch im Leben die Sicht verwehrt auf das Ganze ... die Wahrheit ... auf mich! Endlich nicht mehr in dem kläglichen Irrtum befangen, der Mittelpunkt des Alls zu sein. Befreit! Weißt du, was das bedeutet?

Die ewige Seligkeit?

(Winkt ab) Sowas Ähnliches.

... Begreifst du jetzt, dass ich nicht der liebe Gott bin, den ihr braucht, um in eurer je eigenen Welt die Dinge zu richten, wie es euch passend erscheint? Milliarden Welten wie eine gigantische Froschlaichkolonie im Tümpel der Ewigkeit, und jede einzelne schließt ein winziges Ich ein, das unaufhörlich seinen Gott zu Hilfe ruft, den es im Innern der eigenen Ich-Welt vermutet.

Auch Jesus Christus?

Wie ihr alle. Ich habe ihn in seine Mutter gelegt –

Du meinst die Jungfrau.

Sei nicht albern und unterbrich mich nicht – und ihn dazu verurteilt, ein Mensch in seiner kleinen Bewusstseinskapsel zu sein. Ihm jedoch war ich so nah wie niemals zuvor und nie danach einem Menschen. Er hat Zeit seines kurzen Lebens wunderbar Zeugnis davon abgelegt.

Du erwecktest ihn vom Tod.

Was ich erweckte, war der Geist des dritten Tages, der Geist der Freiheit, der Geist, der Menschen aus ihren Verstecken treibt, dass sie sich zeigen und den Mund auftun und nicht mehr danach fragen, was Pharisäer und andere Meinungsmehrheiten verbieten wollen. Was ich erweckte, war der Geist, der Unrecht Unrecht nennt und eine Lüge eine Lüge. Der *Geist der Kraft und der Liebe und der Besonnenheit* (2 Tim 1,7). So weckte ich meinen Sohn von den Toten auf, indem ich diesen Geist erweckte. Und sie ängstigten sich nicht mehr und waren getröstet, die ihm im Leben gefolgt waren. Es dauerte nicht lange, und es wurden mehr und immer mehr, die ihm folgten.

Die letzten Sätze wurden vom Klang der Osterglocken über-
tönt, die wie in jedem Jahr gewaltig läuteten. Die Kirchen waren
geöffnet, doch drinnen herrschte *social distancing*. Die wenigen
Plätze, die besetzt werden durften, waren online reserviert worden, und ich war wieder nicht schnell genug gewesen. Also feierten wir wieder ein Eier- und Hasenfest. Für die Kinder verstrich
ein weiteres Jahr der Gottesdienstferne. Sie würden sich später
an Fruchtbarkeitsriten erinnern, deren Sinn ihnen wahrscheinlich ebenso verborgen und fremd bleiben würde wie das Auf-
erstehungsnarrativ. Nur der Dreijährige brachte die Botschaft
aus der Kita mit: »Jesus is gestorben anen Kreuz.« Und mit fröh-
licher Stimme: »Aber Gott hat ihn wieder aufgewacht.«

Die Verlorenheit dieser kindlichen Sätze in einer durchsäku-
larisierten Welt, die Vergeblichkeit der didaktischen Mühewal-
tung christlicher Erzieherinnen, die dahinter stand, trieben mir
beinah Tränen in die Augen. Inseln. Nachhall. Letzte Reste. Ich
kann es nicht allein tun, wenn keine Peergroup mitmacht, die
wenigstens für ein paar Jahre die Kinder gewinnt.

Wie sollen sie die Verführungsmacht der Religion erfahren?
Die Erschütterung sakraler Handlungen? Den tiefen Frieden,
den ein Segen bewirken kann? Die Empfindung, die das Bewusstsein schafft, das sich Gott im Gebet zuwendet? Die lyrische
Kraft eines Psalms oder eines Verses aus dem Johannesevangelium? Den herrlichen Lärm einer Orgel im letzten Choralvers?
Den Blick ins gotische Gewölbe, das sichere Empfinden, dass es
nach oben hin keine Begrenzung hat? Jahreszeitliche Feste, ihre
christlichen Bräuche und das Glück beim Nachvollziehen? Mit
all dem geht etwas verloren, das vielleicht nicht mehr verstanden wird, wenn ich es nicht Lebensqualität nenne. Ja, um des
besseren Verständnisses willen lasst es uns so nennen. Denn es
handelt sich um eine spezifische, nämlich religiös geprägte Quali-
tät des Erlebens. Tiefe. Lebensfülle. Sinnlichkeit … Falls man

das in Bezug auf die Kirche noch sagen kann, ohne anzüglich zu werden.

Sexuell sind wir befreit. Bis auf ein paar katholische Priester kann man das von den meisten unter uns sagen. Sollten wir nicht endlich auch religiös frei sein?

Wer zwingt uns, Dinge für wahr zu halten, die unser kritisches Bewusstsein beleidigen? Müssen wir glauben, dass Gott personal existiert, wenn wir uns mit dem Bruch unserer Denkgewohnheiten, der darin liegt, nicht abfinden können? Und sollte unser religiöses Leben daran scheitern? Sollten wir nicht Gottesdienste mitfeiern? Wenn uns der Sinn danach steht, in Gebete ausbrechen? Uns auf die Begegnung mit Gott im Sterben gefasst machen? Für möglich halten, dass da noch etwas auf uns zukommt?

Da stehen die großen Kathedralen herum und die kleinen Dorfkirchen. Lasst uns sie betreten und der Empfindung nachgeben, die sie in uns wachrufen wollen: Andacht ... Ehrfurcht ... Ahnung von Gottes Gegenwart ...

Da ist das große alte Buch voller Weisheit, Erzählkraft und Poesie ... Lasst uns die Seiten überschlagen, deren Sätze uns fremd bleiben, und nach den anderen suchen. *Der Herr ist mein Hirte ...* (Psalm 23). *Aus der Tiefe rufe ich, Herr, zu dir ...* (Psalm 130). Denn es gab Tage und wird sie noch geben, an denen das Wort für Wort unser Text ist. Und für die anderen Tage wird sich anderes finden ...

Da ist die große, wahrhaft weltbewegende Erzählung vom leidenden Gottessohn ... Die erschütternde, überraschende Erkenntnis, dass Gott nie so nah war wie da, als er am fernsten schien. Die unauslotbare Tiefe der Gott-Mensch-Bezogenheit in Jesus Christus. Dogmenbehaftet bis zum Abwinken. Niemand wird uns auf dem Scheiterhaufen verbrennen, wenn wir nicht begreifen, wieso er für unsere Sünden starb. Aber dass

er durch das abgrundtiefe Tal der Gottverlassenheit hindurch-
musste, bevor etwas unvergleichlich Herrliches geschah – das
begreifen wir.

Da sind die grandiosen Werke sakraler Musik, die großen
Oratorien, die uns mit ihrer himmelstürmenden Gewalt über-
wältigen. Bach, Händel, Mozart, Mendelsohn, nicht zu vergessen das *War Requiem* von Benjamin Britten und die inti-
meren Bachkantaten, in denen sich hörbar die Seele mit Gott
bespricht.

Genügt das nicht? Sollten wir diesen wunderbaren Gefilden
des Menschseins etwa fernbleiben, weil der Zeitgeist uns nicht
laut genug dazu aufruft? Oder weil in der Katholizität gerade die
Jahrtausendfassade bricht? Oder die EKD einem anders gearte-
ten Sündenfall nicht widersteht, nämlich politisch machtange-
passt zu sein, statt in evangelischer Unbeirrbarkeit ihrem Auftrag zu dienen, Kirche Jesu Christi in der Welt zu sein, Zuflucht
der Menschen vor den Zumutungen der Politik, auch des Zeitgeists, der nicht das letzte Wort für sie haben kann, sondern das
Wort Gottes, auf das sie gegründet ist?

Die Frage der Kirchensteuer soll uns nicht mehr bewegen.
Wenn wir sie (noch) bezahlen, zahlen wir ohnehin freiwillig,
und das, was wir »Glauben« nennen, hat sich längst davon ab-
gelöst. Was an den Kirchen Kirche ist, wird auch ohne sie bestehen. Kleiner, leiser und wahrer vielleicht. Ihre Funktionäre sind
wahrscheinlich längst unterwegs, um anderswo unterzukom-
men, in Parteien und NGOs ... Das religiöse Leben, von dem
wir uns nicht lossagen wollen, kommt ohne sie aus.

Wir werden unseren Glauben feiern, wie Christen ihren Glauben immer gefeiert haben. Wir werden ihn im Geist der Freiheit
feiern. Im Geist des dritten Tages, der Menschen aus ihren Verstecken treibt und sie den Mund auftun lässt, dem *Geist der Kraft
und der Liebe und der Besonnenheit* ...

Im 21. Jahrhundert, im fünften nach der Inquisition und nach Beendigung der großen europäischen Religionskriege, darf das, was die aussterbende Spezies der Frommen »Glauben« nennt, endlich so gebrochen sein, wie der Glaube es immer war. So gebrochen wie der Atheismus seiner Feinde. Denn auch er triumphiert nicht ungebrochen. Wir haben endlich gelernt, dass die Reinheit der Lehre nichts anderes bewirkt, als Religion in Ideologie zu verwandeln und umgekehrt. Wir sehen es mit Blick auf die Bewegungen, die sich *woke* nennen, ›erwacht‹, und mit neuer und immer der alten Gewissenhaftigkeit Hochschulen, Redaktionen und von da aus alle Bereiche von Andersdenkenden säubern wollen.

Die große Verkündigungswahrheit des Christentums, die wir nicht müde werden wollen zu feiern: Gott ist unter den Opfern und niemals den Tätern von Säuberungsaktionen. Das ist die Wahrheit der Leidensgeschichte des Gottessohns.

Ein Lob der Gebrochenheit! Der nicht reinen Lehre. Der Inkonsequenz im Verfolgen Andersdenkender. Der religiösen Nonchalance, die es nicht so genau nimmt. Ein Lob dem Glaubenshumor! Ein Lob den kleinen Sünden, damit die großen keine Chance haben. Ein Lob den gebrochenen Gebeten, zu denen wir fähig sind. Ein Lob dem innigen Fühlen, das manchmal in uns aufsteigt und seine Begründung wie ein Geschenk Gottes gratis mitliefert. Ein Lob der Unsicherheit, die uns befällt, wenn man uns nach unserem Glauben fragt.

Ein großes Halleluja für Leonhard Cohen, den Ungläubig-Gläubigen, der für uns die Hymne des gebrochenen Glaubens gesungen hat.

> There's a blaze of light in every word
> It doesn't matter which you heard
> The holy or the broken Hallelujah

And even though it all went wrong
I'll stand before the Lord of Song
With nothing on my tongue but Hallelujah

Mein Hallelujah wird das gebrochene sein, glaube ich. Möge es Gott gefallen.

Der große Flashmob
Von der ewigen Seligkeit

Außer Gott kennt mich in Wahrheit nur Google. Manchmal, wenn ich nicht schlafen kann, nach ein paar unruhigen Stunden, schon gegen Morgen, kann ich nicht länger widerstehen und stelle mein Smartphone an, obwohl man sagt, dass sein Licht in der Nacht besonders schädlich für die Schlaflosen sei, weil es ihren Gehirnen signalisiere, es herrsche Tageslicht – und tatsächlich hat seine bläuliche Helle nichts vom trauten Schein der nächtlichen Lampe, wie Mörike ihn besingt. Nichts scheint hier *selig … in ihm selbst* wie in seinem Lampengedicht, sondern sogleich zielen Botschaften sonder Zahl auf meinen mürbe gegrübelten Geist und geben ihm den Rest. Jetzt, inmitten der zweiten Nachthälfte, zeigt Google mir, was es von mir hält, nämlich nichts. Es lockt mich aus der Reserve, indem es mir die eine oder andere Info hinwirft, irgendetwas vom Tage, vom heute gewesenen Tage (um immer noch mit Mörike dagegenzuhalten), liefert einen Kommentar dazu und Kommentarkommentare – wir beginnen meistens auf Facebook –, und der Weg ins Labyrinth der vertrackten Zusammen- und Unzusammenhänge führt, einmal beschritten, immer tiefer in die Zonen der Banalität und Beliebigkeit. Irgendwie, praktisch ohne mein Zutun, sind wir plötzlich auf Youtube, und unvermittelt werde ich mit meinem eigenen seichten Musikgeschmack konfrontiert, der in einer der früheren schlafdefizitären Nächte seine Spuren hinterlassen hat. Bin ich das etwa gewesen, die die alten brünstigen Lieder von Konstantin Wecker aus den Achtzigerjahren aufgerufen hat? *In solchen Nächten packt mich ein Verlangen, das wie ein Feuer brennt, um all den Mist und Wirrwarr meiner Seele zu durchwan-*

dern … Nonsens-Lyrik vom Feinsten, billig, sinnfrei und betörend … In solchen Nächten ist meine innere Zensurbehörde längst zum Schlafen gebracht, während ich selbst begreifen muss, dass es mit dem Schlaf bis zum Morgengrauen nichts mehr wird. Und doch. Und doch geschieht mit mir etwas, das sich Elemente des Traums geliehen hat und – wer weiß? – vielleicht etwas an mir vollbringt, das sonst nur der Traum, der wahre Traum bietet: ein zensurbefreites Durchstreifen von Zonen, in denen ich tagsüber nichts verloren hätte. Als habe mich die Schlaflosigkeit auf ein anderes Terrain gelockt, wo ich mich traumanalog vollkommen frei bewege. Nicht Morpheus, sondern Youtube hat die Führung übernommen, und ich trage nicht mehr als ein paar flüchtige Impulse bei, Zufallseingebungen, die mal diesem, mal jenem Angebot folgen, Musikstile miteinander verbindend, die im Wachzustand nicht kombinierbar sind, ein paar Akkorde Pachelbel … Ennio Morricone … *Jesus Christ Superstar* … Dann und wann fällt mir das Handy aus der Hand auf die Brust. Ich weiß, ich sollte jetzt ausschalten. Aber mein Wille ist so zuverlässig außer Gefecht, als schliefe ich wirklich, und vielleicht ist das ja auch eine Art von Schlaf, der Zustand, in dem ich bin. Vielleicht werden wir eines Tages eine Spezies sein, deren Regenerationsphasen genau so aussehen: noch viel enger verwachsen mit diesen kleinen Maschinen, als wir es jetzt schon sind. Oder hätte ich einmal geglaubt, dass ich etwas wie ein Smartphone mit ins Bett nehme und meine Schlaflosigkeit mit ihm teile? Sollte es nicht auch das Träumen für uns übernehmen, wie es so manches schon für uns übernimmt? Wir könnten endlich à la carte träumen. Ich müsste mich nicht lange besinnen und würde mir einen Flashmob als Traum bestellen. Ja. Genau. Einen Flashmob.

Seit ich weiß, was das ist, und seit ich die ersten Appetithappen davon bei Youtube sah und genoss, ist es mein größter Wunschtraum, einmal im Leben – dem Rest, der mir davon bleibt – in

einen echten Flashmob zu geraten: … ein Bahnhofsvorplatz …
eine Shoppingmall … eine Messehalle in Frankfurt … das Fo-
rum Romanum … ein Moskauer U-Bahnhof … einer dieser
Orte, die dazu geschaffen sind, für Zeit und Ewigkeit oder ein
paar Minuten der Nabel der Welt zu sein … Stimmengewirr, Pa-
laver, sich kreuzende Wege, Blicke auf den Boden geheftet, ei-
lende Schritte. Hast. Und plötzlich – ein Ton. Ein Aufhorchen …
weitere Töne … Instrumente werden ausgepackt. Das ist kein
Lärm mehr, das ist Musik, die aus dem Gewölbe widerhallt, sich
verstärkt … Jetzt nehmen Schritte den Rhythmus auf … Tänzer drängen von den Rändern zur Mitte hin … Oder waren sie
schon immer da, ein als Menge getarntes Ballett, das sich for-
miert, jetzt Gestalt annimmt? … Da – immer deutlicher: kein
Stimmengewirr mehr, ein Chor – das Summen, mit dem jeder
Chor beginnt und die darin verborgen gewesene Melodie into-
niert, anschwellend … zwei Posaunen, deren Schall alles über-
tönt – und da ist es, das Lied … Wir sind an der *gare de l'est* in
Paris an einem Tag im März 2021. Frühling liegt in der Luft …
Der Winter unseres Missvergnügens im Lockdown dauert schon
zu lange, das Licht kehrt zurück, die Temperaturen steigen und
mit ihnen unsere Lust auf Leben, auf Begegnung … *Continuez à
danser encore* singt der Chor, in den sich die Menge verwandelt
hat … und *voir nos pensées enlacer nos corps* fallen die Tänzer
ein, und alle – alle – tanzen auf einmal mit … Niemand fragt,
wer die Show einstudiert hat, niemand kennt die Regisseurin,
den Choreographen … Am Ende werden alle allen applaudie-
ren, auch sich selbst und denen, die ein wenig scheu und nur
am Rande mitgemacht haben, bevor der Strudel des Geschehens
sie mit sich riss und sie Teil der großen Tanzkompanie wurden
und in dem großen Chor aufgingen, aus dem einzelne Stimmen
in die gläserne Kuppel aufsteigen, während die letzten Umste-
henden ihre Scheu verlieren, ihre Smartphones wegstecken, mit

denen sie fotografiert haben, und sich einreihen. *Passer nos vies sur une grille d'accords? Non, non, non, non, non, non. Nous, on veut continuer à danser encore* – Paare finden einander, die sich bisher nicht gekannt haben, tanzen mit, singen mit … Wäre ich dagewesen, an jenem Tag in Paris, als dort einer der schönsten Flashmobs stattfand, die Youtube mir in der Nacht vor meine traummüden Augen bringt, ich hätte traumsicher mitgetanzt und miteingestimmt, zügellos, selig und voller Lebensgier nach dem erzwungenen Winterschlaf im Coronajahr 2021.

So stelle ich mir gern den Himmel vor, wenn ich eines erloschenen Tages mich dort einfinde. Noch bin ich eingeschüchtert von der großen Verwandlung, die mit mir vorgegangen ist, noch zittert es in mir nach, was geschehen ist, da sehe ich, dass ich nicht die Einzige bin, deren Ankunft gerade stattfindet. Es sterben da draußen so viele in einem Moment. Sie bewegen sich, von außerhalb kommend, genauso zögerlich wie ich auf eine Mitte zu. Ich erkenne etwas wieder, das dem Gefühl erster Schultage gleicht, erster Nachmittage nach der Ankunft im Ferienlager, wenn meine Mutter sich von mir verabschiedet und mich allein gelassen hat. Sie ist der einzige Mensch, an den ich mich hier noch erinnern kann. Dann verblasst auch das. Ich bin allein unter Namenlosen. Doch indem ich meine Mittänzer ansehe – denn ein Tanz ist es, das erkenne ich –, merke ich, dass sie wie ich aussehen. Wie sie mir ähnlich sind! Wie wir uns gleichen! Noch begreife ich es nicht, doch der Tod hat unsere Personen ausgelöscht. Ein großer Gleichmacher. Wir sind außer uns, wie wir es damals bei der Sonnenfinsternis 1999 waren, als ungefähr hundert Menschen vor unserem Haus standen, Sektgläser in der Hand, und dem Schauspiel der Finsternis beiwohnten, die sich mitten am Tage über uns gesenkt hatte, die Hibiskusblüten schloss, die Vögel zum Schweigen brachte und auf unsere Gesichter den bei allen gleichen Ausdruck des Außersichseins legte.

Außer uns. Gleichgemacht. Wir sind in der Verfassung, ein Fest zu feiern. Festlicher kann man nicht gestimmt sein als außer sich. Der Tod hat das mit uns gemacht. Uns außerhalb unserer selbst einen Platz zugewiesen. Und dieser Platz ist genau hier. Jetzt ergreift es auch mich. Ich bin am richtigen Ort zur richtigen Zeit. Die Zögerlichkeit der neu Hinzugekommenen fällt von mir ab. Ich werde Stimme im großen Chor, Teil der Bewegung, die um eine Mitte kreist, *continuez!*, ruft man uns zu, und ich begreife: Dieser Tanz wird niemals aufhören.

Eine Spur ewiger Seligkeit auf einem Bahnsteig zwischen der Abfahrt der Züge nach Straßburg und Lyon. Oder anderswo. In einem Kuss, einer Tonfolge, einer Begegnung ... Schnitt.

Eine Blutspur apokalyptischer Reiter auf der Promenade des Anglais in Nizza oder dem Breitscheidplatz in Berlin. Die falschen Orte zur falschen Zeit ...

Himmel und Hölle warten nicht auf uns, bis wir gestorben sind. Sie sind bereits da. In jedem Augenblick des Lebens lauert eine Himmels- oder Höllenoption. Wir sind ausgestattet mit einem Sensorium für Qual und Seligkeit, solange wir leben. Und was wird am Ende sein? Was erwartet mich? Ein Wiedersehen mit denen, die vor mir gestorben sind? Die ewige Seligkeit? Nichts?

An wen kann ich mich wenden? Wer kennt Antworten darauf? Die jungen Frauen vor den evangelischen Altären? Was wissen sie über den Tod? Was über das Sterben und das, was danach mit mir ist? Wird eine von ihnen, wenn sie an der Grube steht, in die mein Sarg gesenkt wird, die Kühnheit besitzen, davon zu sprechen, dass ich zu Gott heimgekehrt bin? Zum ewigen Leben erwacht? Gehört es nicht zum kirchlichen Markenkern, mir ein postmortales Gericht in Aussicht zu stellen?

Denn wir müssen alle offenbar werden vor dem Richterstuhl Christi, damit jeder seinen Lohn empfange für das, was er getan hat bei Lebzeiten, es sei gut oder böse, wie Paulus im Zweiten Ko-

rintherbrief in aller Deutlichkeit schreibt (2 Ko 5,10). Sollte mich
das als evangelische Christin nicht umtreiben, wie es Martin Luther einst umgetrieben hat und in die Frage mündete, mit der er
sein Jahrhundert in Aufruhr versetzte: Wie bekomme ich einen
gnädigen Gott?

Die alte Frage, die in überraschender Weise auf einmal wieder an Aktualität gewinnt, seit uns das Klima zur Sein-oder-
Nichtsein-Frage geworden ist und all die alten Begriffe: Sünde,
Buße, Rechtfertigung … wieder in Mode bringt. So vieles, das
wir vergessen geglaubt haben, ist plötzlich wieder da: Propheten und Prophetinnen. Apokalyptik. Der Ruf nach Askese und
strengen Geboten. Visionen einer neuen Welt. Die Hoffnung,
dass sie möglich ist. Weltrettungsrhetorik. All das geht weit über
das Politische hinaus. Ein neuer Glaube. Eine neue Religion? Sie
braucht keinen Gott, um die Kräfte zu entfalten, die Religionen
attraktiv machen. Sie bringt Augen zum Leuchten, Geld in Um-
lauf, Gleichgesinnte zusammen, stiftet Lebenssinn und Gemein-
schaften, straft Leugner und skeptisch Gebliebene, schafft sich
ihr juste Milieu, und zwar weltumspannend, missioniert, setzt
Energien frei, begünstigt Innovationen, begründet Karrieren
und ebnet den Weg zur Macht … all das, was eine neue, auf-
blühende Religion nicht erst seit Constantin dem Großen schon
immer getan hat. Wann hätte man je unterscheiden können zwischen wahrhaft Gläubigen und Opportunisten? Neue Religionen
auf ihrem Siegeszug entwickeln einen starken sozialen Sog. Es
empfiehlt sich nicht, sich dagegen zu positionieren, wenn man
etwas erreichen will. Neue Götter können sehr zornig sein, wie
es auch der biblische Gott am Beginn seines Wirkens war.

Wird er unterliegen? Wird er mehr sein als ein synkretistischer
Restbestandteil einer neuen Religion der Nachhaltigkeit, des
Konsumverzichts und der Menschenfreundlichkeit? Ich fürchte
sehr für mich, in diesen Disziplinen nur Mangelhaftes geleistet

zu haben und auf Vergebung angewiesen zu sein. Aber wo ist er, der Gott, der mir vergibt? Die Klimareligion, unbeschadet ihrer Beliebtheit im protestantischen Milieu, tendiert mit ihren Schwerpunkten Sünde und Buße dazu, ins Vorreformatorische zu fallen. Der gnädige und barmherzige Luthergott ist ihr abhandengekommen. »Wir sind allzumal Sünder«, der Satz, mit Blick auf den Status quo gesprochen, würde im Kontext des Klimaschutzes nur Empörung erregen.

Die Klima- und Weltrettungsreligion, sofern man sie als solche betrachtet, weiß nichts von Vergebung. Umso mehr weiß sie von Strafen und Vergeltung, die, ganz im Biblischen bleibend, in Form von Sintfluten, Stürmen und Feuersbrünsten über uns kommen und sich nicht einmal ans Verursacherprinzip halten, sondern wahllos auch die treffen, die nicht die Hauptlast der Schuld tragen, einer Schuld, die dadurch noch schwerer wiegt. Etwas Alttestamentliches weht uns daraus an. Wenn es einen Klimagott gäbe, wäre er ein unnachsichtig strafender. *I want you to panic*, ruft seine gestrenge Prophetin den Mächtigen der Welt zu. Das Höllen- und Fegefeuertableau christlicher Bußprediger in als überwunden geltenden Epochen erscheint in kaum gewandelter neuer Gestalt und bedrängt uns nicht weniger. Die Kirchen sind leer, und die Straßen sind voller Klimademonstranten, die die Apokalypse predigen und nach einer neuen Welt, neuen Menschen, einer neuen Sprache verlangen, und einer neuen Gerechtigkeit.

Doch etwas fehlt. Es ist eine Religion – wenn es denn eine ist –, die den Tod nicht kennt. Sie kennt nur Zukunft als eine Fortsetzung der Gegenwart. Sie ist ganz innerweltlich, ohne Transzendenz. Ihr Subjekt ist die Menschheit. Ihr Gültigkeitsbereich der Planet. Der Planet, vulgo die Welt, nimmt einen immer größeren Raum im Reden der Menschen ein. Gleichzeitig scheint er auf die Größe eines Raumschiffs zu schrumpfen, das eine begrenzte Zahl von Passagieren fasst, die um die Plätze an Bord streiten und von denen manche sich einigermaßen ungeniert breitmachen, zu denen auch ich mich zählen muss.

Ist das mein Platz in der Geschichte, die Gott mit den Menschen hat? Ein überzähliger Passagier in dem Raumschiff zu sein, das die Welt ist? Als ich Kinder bekam, vertraute ich tatsächlich darauf, dass noch Platz auf der Erde sei. Ich beanspruchte ihn für sie und griff nach dem Geschenk, das sie für mich waren. Meine Kinder meine Sünde, mein Umweltvergehen, mein dreifach vergrößerter ökologischer *footprint*. Jetzt, eine Generation später, noch einmal verdoppelt. Und wieder nur Dankbarkeit und kein schlechtes Gewissen.

Nein, ich glaube an keinen Gott, der das von mir erwartet. Hinsichtlich eines solchen Gottes bin ich Atheistin. Der Klimawandel stellt uns vor pragmatisch zu beantwortende, nicht metaphysische Fragen. Da sind keine strafenden Götter, kein Zeus mit dem Donnerkeil, sondern nüchtern handelnde Menschen, die in Ordnung zu bringen haben, was in Unordnung ist. Gott helfe uns dabei. *I don't panic.*

Der Klimawandel wird keine neue Religion hervorbringen. Im besten Fall vielleicht eine neue Politik. Denn der Gottesgedanke ist a-politisch, so sehr die Kirchen sich gern als politische Player selbst missverstehen. Die Frage und Suche nach Gott ist das Intimste, Privateste, das es in uns gibt. Gerade die großen Gottdenkenden in der Geschichte, deren Zeugnis von ihrer Begegnung mit Gott die Welt verändert hat, haben ungeschützt ihr Inneres offenbart. Die Paulusbriefe, Augustins *Confessiones*, Luthers Schriften und Predigten ... lassen Einblicke zu in tief persönliche Gotteserfahrungen, die immer auch Grenzerfahrungen des Lebens sind. Und an der Grenze des Lebens geht es um den Tod.

Begegnungen mit dem *Herrn über Leben und Tod* – die Kirchen sollten mir Raum dafür bieten, Räume eröffnen, in denen solche

Begegnungen möglich werden. Ich vermisse das. Ich suche keine Anleitungen für mein politisches Denken und gesellschaftliches Handeln in der Kirche. Ich suche die Begegnung mit Gott. Und sei es nur eine Ahnung von seiner Gegenwart. Die Ahnung davon, dass die Zone des Lebensendes, der ich mich nähere, nicht gottverlassen ist. Wissen die Geistlichen, die Gottesdienste halten, wenn sie die immer weniger werdenden Menschen im Kirchenschiff vor sich sehen, dass sie mit dieser Erwartung gekommen sind? Eine Gottesbegegnung zu haben. Nicht um »ethische Orientierung in politischen Fragen« zu erfahren, wie die EKD sie auf ihrer Website anpreist. Kennen sie nicht mehr die Psalmen, die in der Sprache der Leidenschaft das Verlangen nach Gottesbegegnung beschwören? *Gott, du bist mein Gott, den ich suche ... mein ganzer Mensch verlangt nach dir aus trockenem, dürrem Land, wo kein Wasser ist ...* (Psalm 63). Trauen sie den Menschen solche Leidenschaft nicht mehr zu? Dürres, trockenes Land? Aber die Psalmen, Lieder aus einer orientalischen Landschaft, singen immer wieder von sprudelnden Quellen, frischem Wasser, grünen Auen ... (Psalm 23) Wer weiß?

Der Gott meines Lebens war immer ein Sterbebegleiter. In den Jahren, als der Tod mir am fernsten schien, in der Mitte meines Lebens, schien auch Gott mir so fern wie der Mond im Nebeldunst, der mich auf nächtlichem Weg als diffuses Licht begleitet, hinter dem schwarzen Geäst, unter dem ich wandere, mitwandernd, immer gleich unerreichbar und unverwandt anwesend. Ein romantisches Bild. Caspar David Friedrich.

Jetzt, da der Tod mir näher gekommen ist, genügt es nicht mehr für mich. Jetzt klingt in meinem Bewusstsein die Bordkapelle der Titanic nach. Wir erinnern uns alle an die letzte Stunde. Wer wäre nicht dabeigewesen? *Nearer my god to thee* ist der Text zu dem Lied, das die Männer bis zuletzt gespielt haben, solange sie sich auf den Planken noch halten konnten, während das Schiff unaufhaltsam sich immer mehr neigte – es war wohl tatsächlich so, denn ein paar Zeugen davon haben überlebt. Und mag es ein Einfall des Drehbuchautors sein, dass der Kapellmeister am Ende, bevor er ins Wasser muss, die Worte sagt: »Gentlemen, it was a pleasure to play with you tonight« – es bleibt ein herrlicher Einfall. Ein Ausspruch, der mehr Gottesnähe in sich enthält als so manches *Wort zum Sonntag*. Eine kleine Unsterblichkeit.

Ewiges Leben? Habe ich als Christin einen Anspruch darauf? Selbst als Frage erscheint es mir nichts als anmaßend. Und was bedeutet es?

Die biblischen Autoren sind sehr sparsam damit, auszuführen, was damit gemeint ist. Offenbar hatten sie wenig Interesse daran, etwas zu erklären und Plausibilität herzustellen. Keine Eselsbrücke führt bei ihnen ins Reich der ewigen Seligkeit. Etwa die populärste und gangbarste, die wir kennen: dass sich, indem ich sterbe, meine Seele vom Körper trennt, den ich zurücklasse, während die Seele sich aufmacht, ihren posthumen Geschicken entgegenzueilen.

Nehmen wir unser Ego mit? Dieses gefräßige, nach sich selbst süchtige Ding, gierig und rücksichtslos, unbelehrbar und eitel, das uns ein Leben lang alles verdorben hat, Glück, Zufriedenheit, Liebe …, indem es ständig Ich! Ich! Ich! dazwischenrief? Ich kann nicht glauben, dass ausgerechnet mein Ego Zutritt zum Reich Gottes erhält, während mein Körper zurückbleibt und sein Verwesungsschicksal erleidet. Was *unverweslich* aufersteht (1 Ko 15,42–52), ist ein verwandelter, ein *geistlicher Leib* (Vers 44). Das möge gemeint sein, wie es gemeint ist, und es möge verstehen, wer es versteht. Der Apostel Paulus befindet sich hier in der Zone religiöser Geheimnisse und er spricht es auch aus: *Ich sage euch ein Geheimnis … wir werden verwandelt werden …* Nein, ich muss das nicht verstehen, was ein in religiöser Ekstase befindlicher Mann vor fast zweitausend Jahren spricht und seinem Brief an die Gemeinde in Korinth anvertraut. Ich höre: *Verwandlung* … Ich höre: *Geheimnis* … Und ich höre: *zur Zeit der letzten Posaune* … Ich denke mir, die Leute in Korinth hat ein Schauder ergriffen, als man ihnen diesen Brief vorlas, und ich denke, sie begriffen nicht viel mehr als ich. Und auch der Schreiber des Briefes wusste nicht wirklich, wovon er sprach, denn auch er war ja noch im Besitz seines Ego, als er diese Worte schrieb, und sie zeugen davon, dass es ein kräftiges Ego war, das ihm solche Worte erlaubte.

Was meinen zukünftigen (keineswegs mehr so sehr fernen) Tod betrifft, habe ich eine Vermutung. Ich vermute – nein, ich bin gewiss –, dass es mein Ego ist, das ich zurücklassen muss. Dieses Zwischenrufer-Ich, das wieder alles vermasseln würde, auch den Augenblick, in dem mir – *nearer my god to thee* – Gott begegnen wird. Es würde wieder nur Ich! Ich! Ich! rufen. Es muss zurückbleiben. Ich muss ohne mein Ego hinübergehen. Wahrscheinlich ist dies das Schlimmste. Der *Mein-Gott-war-um-hast-du-mich-verlassen?-Moment*. Es wird das Ego sein, das diesen Ruf ausstößt, und es wird recht damit haben. Denn Gott kann mein Ego nicht brauchen in der Ewigkeit.

Sonst weiß ich nichts vom Tod. Allerdings fürchte ich, es wird keine Seligkeit geben, weil mein Genuss-Ich mir fehlen wird. Wie sehr hätte es sie genossen und dabei Ich! Ich! Ich! geschrien. Und wie soll ich Wiedersehen feiern mit den vor mir Gestorbenen, dem Geliebten, wenn ich mein Ich nicht dabeihabe? Wie soll er mich erkennen? Es wird also alles ganz anders sein. Nichts verrät mir im Leben, wie sich die Seligkeit ohne mein Ich anfühlt.

Außer –

Außer wenn in der Nacht ein Flashmob auf meinem Smartphone erscheint. Dann glaubt mein ahnungsloses Ich einen Vorgeschmack zu erahnen. Ich werde Stimme im großen Chor sein,

Tanz unter Tanzenden. Selbstvergessen. Teil der großen Bewegung, die um eine Mitte kreist ... Während die Moleküle, aus denen mein Leib besteht, sich ganz leise bereits auf die Reise begeben und aus dem Verbund lösen, in dem wir beisammen ich gewesen sind. Eine Reise ohne Wiederkehr, deren Ziel das Leben selbst ist. Sie werden auf ihren Wegen in Würmern, Grashalmen, Algen, Libellenflügeln und Schneeflocken ... Station machen, vielleicht auch in zukünftigen Menschen ...

Continuez à danser encore ... Dieser Tanz wird niemals enden.

Mit Dank an Hanna und Reinhold,
die die Arbeit an diesem Buch so inspirierend
wie kritisch begleitet haben.

Remseck, den 25. Januar 2022

Einsichten
Wer mitreden möchte

Klug, hintergründig, scharfsinnig und mit leichter Feder blickt die neue Kröner-Reihe hinter die Kulissen von Entwicklungen, die die Gesellschaft bewegen. Dabei geht es nicht nur um Themen, an denen sich schon Myriaden von Journalisten abgearbeitet haben; die Essays der Reihe beweisen auch ihr Gespür für die Welt von morgen.

Bisher erschienen:

Andreas Schnieder/Jens Burgschweiger: **Mensch, was denkst Du?** · Ein Dialog über Gott und die Welt

Enno Stahl: **Die Sprache der Neuen Rechten** · Populistische Rhetorik und Strategien

Hans-Ulrich Huster: **Soziale Kälte** Rückkehr zum Wolfsrudel?

Jürg Blickenstorfer: **Wege aus der Barbarei** Ideen zur Bildung des Menschen

Christa Dürscheid/Karina Frick: **Schreiben Digital** Wie das Internet unsere Alltagskommunikation verändert

Norbert Niemann: **Erschütterungen** Literatur und Globalisierung unter dem Diktat von Markt und Macht